8°. Z Le Senne 7403

Paris qui Rit

LÉVY, Editeur

Brodel

PARIS QUI RIT

ASNIÈRES. — IMP. LOUIS BOYER ET Cie, 7, RUE DU BOIS.

GEORGES DUVAL

PARIS QUI RIT

DESSINS DE

MM. ARUS,
JEAN BÉRAUD, BERTRAND,
FRENCH, GŒNEUTTE, KAUFFMANN,
ROBERT KEMPT, LACOSTE, LAZERGES, MERWAERT,
MESPLÈS, MOREL, H. PILLE,
PRUNAIRE, RAFAELLI
TANZI, UZÈS.

PARIS
JULES LEVY, EDITEUR
2, RUE ANTOINE-DUBOIS, 2

1886

POLITIQUONS

PARIS QUI RIT

POLITIQUONS

Dans la rue :

-- Les députés sont rentrés?
— En eux-mêmes.

* *

Dans les couloirs :

— Nous voilà revenus de nos départements.
— On prétend que vos départements vous le rendent.

* *

En séance :

— Messieurs, c'est dix millions que nous vous demandons.
Un député. — La veille du terme !

— Tu connais ce député ?
— Très bien.

— Convictions solides ?
— Lui ? Il change d'idées comme de chemises.
— La fidélité ne le perdra pas ?
— Non, mais il sera ruiné par sa blanchisseuse.

PAILLASSE

A MONSIEUR FRÉDÉRIC PASSY

Réponse à son discours académique

Là, monsieur Frédéric Passy,
Que peut vous avoir fait Paillasse,
Pour le tarabuster ainsi,
Et vouloir qu'on en débarrasse
La France, sans plus de souci?

D'où vous vient cette prud'homie,
Entre tant d'autres, s'il vous plaît?
Miracle de cacochymie!
Eh quoi! Paillasse vous déplaît?
Craignez-vous pour l'Académie

Quelque grosse rivalité,
Et que nos baraques ouvertes,
Nos boniments, notre gaîté,
Ne fassent tort aux palmes vertes
Qui parent votre gravité?

Redoutez-vous pour de Broglie,
Le franc-parler du charlatan;
Que Monseigneur ne se rallie
A nos marchands d'orviétan;
Ou que Minerve aime Idalie?

C'est peut-être que vous tremblez
Pour vos collègues de la chambre?
Nos saltimbanques assemblés
Du Jour de l'An à fin décembre
Ne sont pas plus écervelés,

Et maints discours parlementaires,
Prononcés par de faux censeurs,
Sont tout aussi rudimentaires
Que ceux dits par nos bonnisseurs,
Place du Trône, aux militaires.

Laissez donc Hercule à ses tours,
Jocrisse à ses calembredaines,
Colombine à ses frais atours,
Laissez Barnum aux phénomènes.
Laisser passer les montreurs d'ours!

Laissez, sur la corde flexible,
Danser nos filles sans façon;

Laissez le lutteur invincible
A ses effets de caleçon ;
Laissez brûler l'Incombustible.

Sachez, ô député fervent,
Qui voudriez tant nous contraindre,
Que je travaille, vous bravant,
Et que les tours les moins à craindre
Sont ceux que l'on fait en plein vent.

Le 23 février, tandis que le Comte de Paris traduisait *l'Epitome historiæ sacræ*, avec son précepteur L. Régnier, il entendit du bruit place du Carrousel.

— Qu'est-ce qu'il y a ? demanda-t-il.

— C'est votre grand-père qui passe des troupes en revue.

L'enfant se mit à la fenêtre.

Sur ces entrefaites arriva la duchesse d'Orléans. Elle expliqua qu'il s'agissait d'une révolution.

— Le roi fera-t-il tirer sur le peuple ? interrogea M. Régnier.

— Jamais ! s'écria le Comte de Paris qui, malgré son jeune âge, connaissait les traditions de sa famille. *Grand-père est trop dur à la détente.*

La scène représente le cabinet de M. Grévy à l'Élysée.

M. GRÉVY, *seul.*

C'en est fait et le mieux serait donc de se taire !
C'est à qui se défend de prendre un ministère !
J'appelle Freycinet, Freycinet ne veut pas.
Brisson prétend que c'est courir sus au trépas,
Leblond ne se sent pas le cœur au sacrifice,
De Marcère lui-même écarte un tel office.
Je les ai tous priés et suppliés en vain.
Pas plus de ministère, hélas ! que sur ma main.
Ne pouvoir s'attacher un seul auxiliaire.
Je songeais à Thoinnet de la Turmelière,

1.

Marquiset, Marion, Tarbouriech ou Hugot,
Tondu, Trouard-Riolle, Outters, Lafont, Noirot,
Neveux, Boucau, Baltet, Belisal ou Cayrade,
Simon, Souchu, Soustre ou peut-etre bien
[Latrade,
Montané, Manoury, Laurençon, Garrigat,
Desmoutiers, Duchassin, Mallevialle, Amagat !
Ce dernier est connu, du moins, du populaire.
Ils m'ont répondu par un refus exemplaire !
La Chambre ne veut pas ; le Sénat fait le mort.
Dieu ! tu vois mon ennui ! France, tu vois mon sort.
Parmi les députés et les fonctionnaires,
Ne pouvoir recruter un cabinet d'affaires.
Je ne peux pourtant pas, dans chaque carrefour,
Comme à Mont-sous-Vaudrey, faire battre tam-
[bour,
Et promettre une belle et prompte récompense
A qui ne fera plus preuve de répugnance.
Qui me délivrera, Seigneur, de cet enfer ?
Qui nommer ? qui nommer ?? qui nommer ???

Une voix céleste :

HAMBURGER !!!!

— Ce n'est pas la première fois que les jésuites font faillite.

— N'est-ce pas ?

— Nous avons eu, entre autres, la banqueroute frauduleuse du P. Lavalette, Préfet des Missions Apostoliques.

— Puis ?

— Puis dernièrement, la faillite de l'évêque de Cincinnati.

— Enfin ?

— *L'Union Générale*. Je vous citerais cent autres exemples.

— Voilà qui m'explique une chose.

— Laquelle ?

— Leur amour pour le concordat !

Une exclamation de Mgr Freppel.

Il était chez M. de la Bassetière.

Ce dernier, ayant besoin de timbres, dit à son domestique, devant l'évêque d'Angers :

— Je voudrais que vous m'en apportassiez tout de suite.

Alors le prélat saisissant son collègue par le bras :

— Ah ! mon pauvre La Bassetière, vous faites des concessions !

— A qui ?

— A la démocratie.

— Moi !

— Vous.

— Mais... ?

— Avant 1789, on n'aurait pas employé un imparfait du subjonctif pour un valet !

———

Balandard le farouche conseiller municipal est parti pour assister à un anniversaire de Garibaldi.

En chemin de fer, il se trouve avec un personnage italien, voyageant dans les mêmes conditions.

La conversation s'engage. Les voilà amis pour la vie.

Arrivé à destination, le train s'arrête. L'Italien descend le premier, et à peine ses pieds ont-ils touché terre, Balandard s'aperçoit que son compagnon de route a oublié son parapluie. Il descend à son tour, tenant l'objet à la main, dans l'espoir de rattraper le propriétaire du

pépin. Mais bientôt le chemin lui est barré par un groupe; c'est une députation de socialistes italiens accourue au-devant de lui afin de lui souhaiter la bienvenue.

Le chef de la députation prononce un discours en italien. Balandard y répond. Son discours terminé, il ajoute, en ayant soin de changer de ton :

— Mon cher monsieur, un de vos compatriotes a oublié son parapluie. J'ai son nom. Si vous pouviez m'aider à le retrouver, je serais heureux...

Le chef de la députation ne le laisse pas achever. Il ne comprend pas un mot de français, mais au geste de Balandard, il a deviné que le parapluie était un présent. Il s'en saisit, et, les larmes aux yeux :

— Très illustre conseiller, dit-il, en contenant difficilement son émotion, jamais la démocratie italienne n'oubliera ce que le conseil municipal de Paris a fait pour elle !

— Avez-vous bien conscience de l'action que vous venez d'accomplir ?
— Parfaitement.
— Eh bien ! qu'est-ce que vous avez fait ?
— Une bêtise.

J'assistais à une réunion de femmes-libres.
L'une d'entre elles me dit :

— Le percepteur nous assimile bien aux hommes !

— Pas tout à fait. Ainsi les prestations vous ne les payez pas.

— Si.

— Sous quelle forme ?

— En nature.

Ils étaient une dizaine de députés.

De quoi parlaient-ils ?

De l'avantage qu'il y a à parcourir le monde à l'œil.

Celui-ci racontait comment il ne quitterait plus la ligne de l'Est.

Cet autre, comme sa vie allait se passer sur la ligne du Nord.

A ce moment, un député du Midi prend la parole, et déjà il se félicitait de voyager toute l'année sur le P.-L.-M., quand une des personnes présentes :

— Prenez garde !
— A quoi ?
— Que cela ne vous déconsidère.
— Pourquoi ?
— Parce que vous risquez de devenir un député de rencontre !

———

— Qu'est-ce que vous voulez ?
— Un ministère de paix.

— Avant tout ?
— Avant tout. Que l'étranger sache combien

nous sommes éloignés de l'idée de partir en guerre.

— En ce cas, vous avez un ministre tout trouvé.

— Lequel ?

— Le prince Napoléon.

ON NE REND PAS L'ARGENT

Monsieur Freppel est un évêque,
A la tête près du bonnet,
Moins philosophe que Sénèque,
Plus habile que Bossuet.
Lorsque la République éclaire,
Il accourt d'un pas diligent,
Le prélat peut cesser de plaire,
C'est pas lui qui rendra l'argent !

Monsieur Freppel est à la Chambre,
Un irascible député,
De Janvier jusques en décembre,

Il est constamment irrité.
La questure, la chose est claire,
Le sait pourtant plus indulgent.
Car l'élu peut cesser de plaire,
C'est pas lui qui rendra l'argent !

Monsieur Freppel pose pour l'homme,
Détaché des biens d'ici-bas,
Et qui s'en lave les mains comme
Si tout cela n'existait pas.
Mais chaque peine vaut salaire,
Ou ce serait décourageant ;
Notre homme peut cesser de plaire,
C'est pas lui qui rendra l'argent !

De l'Eglise c'est le modèle.
N'a-t-elle pas mis son orgueil,
A prêcher à chaque fidèle :
« Tout pour le Christ et rien à l'œil ! »
Monsieur Freppel peut s'y complaire ;
C'est même un devoir exigeant.
Plus ils cesseront de nous plaire,
Et moins ils nous rendront l'argent !

Je n'accepterai jamais rien du ministère, tant que la République n'aura pas supprimé une classe de fonctionnaires que je regarde comme responsables de toutes les crises qui se sont succédé depuis quelques années.

— Expliquez-vous.

— Je veux parler des chefs de division.

A la Chambre :

— Ainsi, vous n'en démordrez pas ?
— Nous n'en démordrons pas.
— Et si le ministère donne sa démission ?
— C'est affaire à lui.
— Et quels ministres voyez-vous ?
— (*A part.*) Impertinent !

Vous ne connaissez que lui.

C'est un petit bonhomme qui a fait son chemin dans la politique en cirant les bottes du ministre.

Lorsque le ministre se levait, il était là.

Quand il déjeunait, il lui tendait les plats.

Quand il sortait, il ouvrait la portière.

Quand il rentrait, il demandait le cordon.

Tout le monde s'en est aperçu, tout le monde s'en est moqué ; mais, bah !

Aujourd'hui, sur les trois heures, je le rencontre place de la Concorde, tenant son mouchoir à la main et suant à grosses gouttes.

— Tiens ! lui dis-je en l'abordant, le ministre a donc parlé ?
— Pourquoi ?
— Vous vous essuyez !

———

Une sociétaire de la Comédie Française, cause avec le président du Conseil.

— Vous avez pourtant composé un ministère libéral.
— N'est-ce pas, madame !
— Et quels hommes ?
— Tous chefs d'emplois !

———

— Oui, je ferai une loi contre le duel.

— Une loi contre le duel est impossible.

— Je ne suis pas de votre avis. Il est temps de mettre un terme à tous ces scandales d'épée !

— On vous combattra à la tribune.

— Tant mieux !

— Et l'on ne manquera pas de dire que votre loi a peut-être été uniquement inspirée par l'instinct de la conservation.

— Ah ! par exemple ! si l'on se permettait une pareille insinuation.

— Que feriez-vous ?

— Je corrigerais l'insolent !

— Et après ?

— Après ? Je me battrais !

On dit qu'il n'y a pas de sot métier.

Je quitte un ancien rédacteur de l'*Union*, actuellement établi à Rome.

Je l'avais connu sans bottes, je le retrouve menant un train de monsignor.

— Sapristi ? lui dis-je, vous avez réalisé une fortune ?

— Oh ! mon cher, Rome est une ville si curieuse ! Je m'y suis fait des relations. On m'a présenté au Pape, et Sa Sainteté m'a procuré une situation qui me rapporte cinquante mille francs par an.

— Et qui consiste ?

— *A faire courir le bruit qu'il est infaillible !*

Faubourg Saint-Germain :

— Eh bien ! le ministère est aux abois.
— Il a voulu appliquer les fameux décrets...
— Peines perdues !
— Les congrégations sont fortes !
— Dieu est puissant !
— Chassez un congréganiste d'un côté...
— Il reviendra par l'autre !

La comtesse, s'oubliant :

— Ah! messieurs, vous êtes d'une inconvenance!...

Silence et gêne.

— Le ministre est tombé.
— Comment?

— Admirablement.
— Sur un lit...

— De plumes !
— D'oies...

Réflexion d'un sceptique :

Les constitutions sont comme les femmes. Si vous voulez y toucher, commencez par les violer.

— Alors, c'est la guerre, mon cher député ?
— La guerre.
— Vous voterez contre ?
— Parfaitement.
— Prenez garde !
— Pourquoi ?
— Il a rendu des services à la République.
— Mais, moi aussi.

— Et puis...

— Et puis ?

— C'est un homme supérieur.

— Vous en êtes là ? Apprenez, monsieur, que dans une République il n'y a ni hommes indispensables ni hommes supérieurs !

MON SCRUTIN D'ARRONDISSEMENT

air : *Mon Habit,* de Béranger

Sois-moi fidèle, ô mon scrutin que j'aime,
    Demeure d'arrondissement,
Car je ne vis, ami, que par toi-même,
    En dépit du gouvernement.
    Lorsque le nouveau ministère
    Te maudirait aussi, tout bas...
Imite-moi, reste toujours mon frère,
Mon vieux scrutin, ne nous séparons pas.

Je me souviens, car j'ai bonne mémoire,
    Du jour où je fus candidat.
Aux électeurs je payai de quoi boire,

Et j'obtins bientôt mon mandat.
Mon ignorance qu'on déplore,
Ne m'a point banni de leurs bras.
Tous ils sont prêts à me nommer encore,
Mon vieux scrutin, ne nous séparons pas.

J'ai corrompu jusqu'au garde champêtre,
    Pensant aux réélections,
Et c'est ainsi que j'ai pu rester maître
    De toutes les positions.
    Les bureaux de tabac, je gage,
    Des électeurs guident les pas.
Et je n'ai mis qu'un mois à tant d'ouvrage,
Mon vieux scrutin, ne nous séparons pas.

Je t'ai vanté cent fois devant la Chambre,
    J'étais pour le scrutin secret.
C'est avec toi que j'ai fait antichambre
    Pour entrer dans un Cabinet.
Repoussant tout projet sinistre,
    Il suffit d'un ou deux débats,
Pour qu'à mon tour je devienne ministre.
Mon vieux scrutin ne nous séparons pas.

— Pourquoi lit-il son rapport avec cette voix de vinaigre ?

— Pour mieux conserver notre attention.

M. Devès, « l'homme à la cravate à pois », était malade.

Dans sa fièvre, il rêvait qu'on lui enlevait son portefeuille.

Un matin, son médecin le regarde et, après une minute de silence :

— Je vois ce qu'il vous faut, dit-il.

— Quoi donc ?

— Purger l'intérieur.

Et le médecin s'en va.

— Purger l'Intérieur ! murmure M. Devès. Il n'y a pas à hésiter.

Il demande une plume, du papier, et télégraphie aussitôt à son collègue, M. Fallières :

« Préparez mouvement ou suis perdu ! »

M. Fallières reçoit la dépêche, la lit, la relit, sans y rien comprendre. Puis, frappé d'une idée, il se rappelle que le ministre des Finances a été horloger et il renvoie le télégramme à M. Tirard !

———

On dîne chez M. de la Rochefoucauld.

Au milieu du service, la conversation vient à tomber sur l'adversité, et un monsieur, prenant la parole :

— Elle fait les véritables hommes, dit-il.

— Croyez-vous ? interrompt une dame.

— Oui, madame, et vous pouvez vous fier à moi. J'ai été élevé à une fameuse école !

— Laquelle ?

— Celle du malheur !

Alors M. de La Rochefoucauld :

— Je croyais que M. Jules Ferry l'avait fait fermer ?

— Et la majorité?
— Ah! oui, au fait.
— Elle se cherche.
— Un peu.
— Un peu, beaucoup. Et je dis plus.
— Je sais ce que vous allez dire.
— Quoi?
— Elle se coule.
— Puisque vous en convenez, pourriez-vous m'en dire la raison?
— Parfaitement.
— Voyons ça?
— C'est pour qu'on croie qu'elle est en bronze!

LES ELECTIONS MUNICIPALES

DIALOGUE I

— Tiens
— Quoi donc?
— Tout ce monde.
— Qu'est-ce qu'il y a?

— Un feu de cheminée.
— Je comprends.
— Eh bien ?
— C'est Tricolard qui chauffe son élection.

DIALOGUE II

— Mon ami.
— Que veux-tu, Eulalie ?
— Explique-moi ce que c'est qu'un comité de défense.
— Un comité qui montre les dents.

DIALOGUE III

— On craint les ballottages ?
— Il paraît.
— Ah ! si l'on pouvait voter pour les femmes.
— Eh bien !
— Il y aurait un moyen de tourner l'inconvénient !
— Lequel ?
— En votant pour Sarah Bernhardt !

DIALOGUE IV

— Pour qui votes-tu ?
— Pour le domestique de mon oncle.

— En voilà une idée !

— On m'a recommandé de donner ma voix à un homme qui aurait une couleur bien tranchée.

— Et le domestique de ton oncle... ?

— Est nègre.

DIALOGUE V

Au Tivoli-Vauxhall :

— Citoyens, je serai bref. Le seul candidat qui réunisse toutes les qualités, c'est celui qui vous parle. Et, sans entrer dans des détails inopportuns, je vous en donnerai une preuve irréfutable : voilà vingt ans que je vote pour moi.

DIALOGUE VI

— Ricochet est un républicain éprouvé.

— Allons donc !

— Je vous le garantis !

— Je vous garantis le contraire. Or il nous faut des hommes incontestables. Ricochet a changé trois fois d'opinion.

— Avec qui ?

— Avec moi !

DIALOGUE VII

Salle des Tilleuls :

— Citoyens, je suis socialiste révolutionnaire. Ce que je demande avant tout, c'est que le pain diminue.

— Vive Louise Michel !
— Et il diminuera !
Une voix. — Si les boulangers le veulent !
— Je m'y engage. Avant quinze jours vous aurez le pain de 4 livres à 16 sous !
La voix. — Ils en donneront moins.
— C'est encore une diminution !

DIALOGUE VIII

— Citoyens...
— Bravo !
— J'ai passé ma vie à servir mon pays.
— Qu'est-ce que vous êtes ?
— Maître d'hôtel.

DIALOGUE IX

A Porte-Saint-Martin :
UN SPECTATEUR. (*se levant*) — Messieurs !..
TOUS. — Chut !
LE SPECTATEUR. — L'empire était un gouvernement fort.
LE VOISIN. (*à part*). — C'est un fou !

LE SPECTATEUR. — Le prince Napoléon....

UN MUNICIPAL. — Qu'est-ce que vous faites donc ?

LE SPECTATEUR. — Moi ?

LE MUNICIPAL. — Oui, vous ?

LE SPECTATEUR. — Je profite d'un entr'acte pour exposer mon programme.

DIALOGUE X

Salle Lamiral :

—Monsieur le président.
—Qu'est-ce qu'il y a ?
— On ne peut pas tenir ici.
— Pourquoi ?
— C'est une véritable infection.
— On vidange à côté.

Tous : — Nous protestons contre de semblables manœuvres !

DIALOGUE XI

Faubourg Saint-Germain :

— Auguste !
— Monsieur le comte ?

— Je pense que vous avez voté ?

— Oui monsieur le comte.

— Pour un radical, peut-être ?

— Je sais trop que la maison de monsieur le comte est légitimiste.

— Alors vous avez déposé un bulletin... ?

— Blanc !

LES
BALANÇOIRES
DE LA JUSTICE

LES
BALANÇOIRES DE LA JUSTICE

A la police correctionnelle.

Entre un homme d'une trentaine d'années,

coiffé d'une casquette à trois ponts, sous les

rebords de laquelle se tordent deux merveilleuses rouflaquettes.

Il s'assied, considère l'assemblée, hausse les épaules et attend le président.

— Accusé, dit ce dernier, levez-vous.

Et l'homme souriant :

— Tant que je peux !

Une définition qui en vaut bien une autre.

Un fils cause avec son père.

Tout à coup il s'écrie :

— Papa, explique-moi donc pourquoi on dit le glaive de la justice ?

Le père après avoir réfléchi :

— Parce que, quand ils les interrogent, les juges tâchent que les accusés se coupent.

— Vous êtes un voleur de profession.

— Je l'avoue.

— Vous avez dérobé deux cents francs.
— C'est vrai.
— Quel était votre but?
— Aider des confrères malheureux.

Effets du progrès :
— Vous savez la nouvelle ?
— Non.
— Caminard... ?
— Eh bien?
— Il a assassiné son père...
-- Tiens !
— Flanqué trois coups de couteau à sa sœur...
— Ah ! bah !
-- Et noyé son oncle.
— Fichtre !
— C'est infâme !
— Oh! mon cher, évidemment, il n'a pas bien agi. Mais, au fond, il faut tenir compte de la façon dont il a été élevé.

Un joli petit procès à l'horizon.

Celui de Mme de H... avec son mari.

Ce matin, ils déposaient au Palais.

— Avez-vous des enfants, madame ? demanda le magistrat.

— Non, répondit la plaignante.

— Tant pis !

Et Mme de H...

— Encore une preuve de la vivacité de mon mari !

———

Un tribunal, connu pour son cléricalisme, doit juger un pauvre diable accusé d'avoir décroché une croix.

— Je suis perdu ! dit l'inculpé.

— Croyez-vous ?

— J'en suis sûr. Ils se vengeront sur moi.

— C'est possible.

— Ils me condamneront malgré tout. Si c'était seulement avec raison.

— Il n'y a qu'un moyen.

— Lequel ?

— Tâchez d'être coupable !

A la Cour d'assises.
— Vous êtes un repris de justice.
— On le dit, mon président.
— Vous avez été deux fois au bagne.
— J'ai toujours eu la tête près du bonnet.

LE PRÉSIDENT. — Vous avez détourné la fille Caroline de ses devoirs.

L'ACCUSÉ. — Oui, monsieur le président.

LE PRÉSIDENT. — Un jour, vous l'avez rencontrée sur la place et vous l'avez invitée à monter chez vous.

L'ACCUSÉ. — Tout cela est vrai.

LE PRÉSIDENT. — Caroline, lui avez-vous dit, mon rêve serait d'avoir un enfant dont vous seriez la mère. A quoi pensiez-vous?

L'ACCUSÉ *(d'une voix émue)*. -- A l'agriculture !

Toujours à la Cour d'assises.

Aglaé s'est vengée d'une rivale en lui jetant du vitriol à la tête.

— Vous étiez la maîtresse du comte de Panassat? interroge-le président.

— Oui, monsieur.

— Et pourquoi vous étiez-vous donnée à lui ?

— Il avait insisté !

GENS D'AFFAIRES

GENS D'AFFAIRES

Le comte Oscar de Poissy est sur le point de lancer une nouvelle émission :

Les Gisements Aurifères de Clichy.

Il cherche des commanditaires, puis des

actionnaires, et quand il aura trouvé les uns

et les autres, il ne lui restera plus qu'à éviter les gendarmes.

Mais le comte Oscar de Poissy n'en est pas encore là.

Hier, un boursier de notre connaissance va le voir. Les voilà qui causent de l'affaire.

Tout à coup, pendant la conversation, le comte tire de sa poche un énorme trousseau de clefs.

— Qu'est-ce que tout cela ! s'écrie mon boursier.

— Ça, répond le comte en détachant les clefs, c'est la clef de mon appartement, celle de ma bibliothèque, etc., etc.

— Et cette grosse en cuivre doré ?

— C'est plus grave !

— Comment !

— Quand il me vient des actionnaires, *c'est avec elle que je leur ouvre des horizons.*

———

— Ça va bien ?
— Très bien !

— Toujours content?
— Plus que jamais. Les affaires reprennent.
— Vous voulez dire qu'elles revolent.

— Qu'est-ce que devient P...?
— Euh! euh!
— Quoi donc?
— Il s'est mis dans la banque et file un mauvais coton.
— Ah bah!
— Sa maison est une forêt de Bondy.
— Il se tient sur la lisière...
— Oui, des chaussons.

— Alors, il n'est pas sincère?
— Lui?

— Oui.

— Il est faux comme un jeton...

— De présence ?

———

— Eh bien ?

— Quoi donc ?

— En voilà une nouvelle !

— Quelle nouvelle ?

— Le Suez.

— Le Suez ?

— Une dégringolade !

— Ah ! bah !

— Et les Timbales !

— Aussi ?

— Elle perdent onze cents francs ! On n'avait jamais vu une baisse pareille...

— Vous exagérez.

— Citez-moi un exemple.

— Monsieur de Pontmartin !

———

— Qu'est-ce que vous faites?
— Je perds dix-sept millions.
— Fichtre !
— Mais j'ai une combinaison. Avez-vous six millions sur vous ? Il y a douze millions à gagner pour chacun de nous.
— Six millions. Je n'ai pas cela.
— Sapristi !
— Je le regrette.
— Et moi donc ! Enfin, prêtez-moi toujours cent sous !

———

— Je tiens une bonne affaire.
— Laquelle ?
— Un bijoutier qui sort tous les soirs.
— Il y a des volets ?
— Très solides.
— Alors, ce sera difficile ?
— Nous préviendrons Gustave.
— Il est intelligent ?
— Rempli de moyens !

———

— Vous !
— Moi-même.
— Qu'est-ce que vous devenez ?

— Je vis à la campagne.
— Toute l'année?
— Toute l'année.

— Dans quel but ?
— Pour quitter le commerce du monde.
— Vous avez donc fait faillite?

———

L'habitude est décidément une seconde nature.

Vous vous souvenez de son histoire à la Bourse et du merveilleux coup de pied qu'il y reçut sans broncher?

Il y a trois jours, on le conduisait à Poissy.

Une fois qu'on l'a installé dans sa cellule, le directeur se présente et lui demande ce qu'on pourrait lui faire faire.

Alors, lui, naïvement :
— Des excuses !

———

— Je le crois perdu.
— Alors?

— Je n'hésite pas. Je vole à son secours...
— Combien?
— Dix mille francs.

— Tiens, T...!
— Comment va?
— Bien, et vous?
— Pas mal. Qu'est-ce que vous faites de F...?
— Il a pris la société en dégoût.
— Ah! bah!
— Il en a beaucoup abusé, et le moment vient où l'on sent le besoin de vivre un peu à l'écart.
— Alors il s'est retiré?
— Précisément.
— Où?
— Vous tenez à le savoir?
— Mais oui.
— Eh bien! en prison!

— Tu as entendu parler de la nouvelle société ?
— Les *Cuivres d'Argenteuil?*
— Précisément.
— Qu'en penses-tu ?
— Je n'en reviens pas.
— Des gens sans poids.
— Tous retour de Mazas.
— Alors, comment ont-ils pu inspirer la confiance ?
— En répondant les uns pour les autres.

— Il jouait à la Bourse ?
— Tout le temps.

— Il a gagné ?
— En commençant.
— Ensuite ?

— Il a perdu.
— Et alors ?
— Il s'est arrêté.
— Lui-même ?

———

Le monde financier connaît l'élégant Dureport.

Dureport est l'homme le mieux tenu de la coulisse. Ses chapeaux changent comme les cours ; ses habits suivent toutes les variations de la cote. Quand on veut dépeindre un élégant, on dit qu'il s'habille comme Dureport.

Un de ses clients lui a fait payer cher sa fashion.

On parlait de notre Brummel, un voisin s'approche et se mêlant à la conversation :

— Enfin m'expliquerez-vous le motif de tant de recherche ?

— C'est dans son caractère.

— Il aura beau faire, il y a une chose à laquelle il ne parviendra jamais.

— Laquelle ?
— C'est d'être mis autrement qu'un voleur !

— Comment va ?
— Très bien.
— Et Raoul, vous l'avez revu ?
— Pas depuis un an.
— Qu'est-ce qu'il fait donc ?
— Il fait son temps.

— Il était directeur d'une banque ?
— La *Banque Charentonnaise*.
— Comment menait-il l'affaire ?
— Vous ne savez pas ce qui s'est passé ?
— Non. Je crois qu'il était homme à prendre les intérêts de ses actionnaires.

— Il les a pris aussi! Seulement, il a emporté le capital avec!

— Combien cet appartement?
— Quinze mille francs.
— Sans rabais?
— Dernier prix.
— Mais, on m'assure qu'au dessus il y a un monsieur qui joue du trombone?
— Oh! ne vous inquiétez pas de cela! Au dessous, c'est un emballeur, et toute la journée c'est à peine si l'on s'entend!

— N'est-ce point T... qui vient de passer?
— Lui même.

— L'ancien boursier ?
— Condamné à cinq ans.
— Une carrière brisée !

— Oh !
— Comment ?
— Il était homme à en utiliser les morceaux.

———

— Avez-vous confiance dans l'affaire des *Sables de Montrouge* ?

— Pas pour deux sous.

— On dit pourtant que le Conseil d'administration...

— Tous étrangers.

— Allons donc!

— Sujets anglais, allemands, russes...

— Ernest est Fnçais lui !ra

— C'est le seul qui soit sujet français, mais en revanche il l'est à caution.

LA
COMÉDIE DU MARIAGE

LA
COMÉDIE DU MARIAGE

— Il est marié?
— Oui, ma chère.

— Depuis quand?
— Huit jours.
— Avec qui?
— Ne m'en parle pas!
— Un sot mariage?

— Tout ce qu'il y a de plus sot.
— Au physique?
— Elle est hideuse!
— Au moral?
— Elle n'a pas le sou!

— Elle est devenue ta maîtresse?
— Tout de suite.
— Tu l'aimais?
— A la folie.
— Et comment l'as-tu perdue?
— En l'épousant.

Une bonne distraction de joueur.

Depuis dix ans, Z... est un pilier de cercle. Tous les soirs, à dix heures, il s'assied devant une table de baccara pour ne se lever que le lendemain matin.

L'autre jour, il rendait visite à un monsieur dont il courtise la fille, plus préoccupé de sa perte de la veille que du motif de sa venue, quand son hôte se rapprochant de lui :

— Mon cher ami, lui dit-il, j'ai consulté Zélie. Son cœur est à vous. Acceptez-vous sa main ?

Alors, Z... vivement :

— Volontiers, si elle est bonne.

———

— Il a épousé Julia !
— Oui, mon cher.
— La voilà avec cent mille livres de rentes.
— Au moins.
— Qu'est-ce qu'elle en fera ?
— Son premier soin a été demander un architecte.
— Pour faire bâtir ?
— Non.

— Alors ?

— *Pour réparer son honneur.*

———

Mme de A... est connue pour sa coquetterie, sa légèreté et, il faut bien le dire, pour les facilités qu'elle offre.

Hier, son mari se précipitait comme un fou chez son médecin.

— Docteur, accourez vite, ma femme vient d'avoir une faiblesse.

Et l'autre, étourdiment :

— Pour qui ?

Mme K a mis sa morale à la hauteur du jour, c'est-à-dire si haut qu'on ne la voit plus.

On parlait, hier, chez elle, d'une certaine petite comtesse (tant pis pour les comtesses! le papier timbré n'est pas fait pour les chiens) qui, depuis un an, ne se gêne pas pour tromper son mari, jeune attaché d'ambassade. (Tant pis pour les attachés d'ambassade! il y a des huissiers à Berlin). Et, comme on la blâmait généralement de rendre son mari (tant pis pour les cocus! s'ils m'attaquent et si je perds, je ferai une énorme faillite)... de rendre son mari ce qu'il est et ce qu'il sera longtemps :

— Vraiment, de s'écrier Mme K..., vous êtes impitoyables!

— Mais, enfin, vous ne nous empêcherez pas

de dire qu'une femme qui se sauve trois jours avec un sous-lieutenant...

— Oh! mon Dieu! vous voilà bien avec votre sous-lieutenant! Toujours votre sous-lieutenant, Vous n'avez que ce mot à la bouche. *Combien de fois ça lui est-il arrivé ?*

— Tu connais B..?
— Parfaitement.
— Tu sais que voilà un an qu'il voyage?
— Eh bien?
— Sa femme est accouchée hier.
— Ça ne m'étonne pas !
— Comment ?
— Quand Mme B... mit son quatrième au monde, elle fit de sanglants reproches à son mari, jurant qu'elle en avait assez, et cela devant toute la famille.
— Alors ?
— Alors B..., vexé et désireux d'affirmer ses droits, lui répondit qu'il lui en ferait tant qu'il y trouverait du plaisir. Et, se tournant vers sa

belle-mère il ajouta en prenant un air d'autorité : « *Ah ! mais ! c'est qu'avec moi elle n'aura pas le dernier !* »

— Il a tenu parole.

Scène bourgeoise :

LE PÈRE. — Comment, Rosalie ! le jour de ton mariage, des larmes voilent tes yeux.

LA MARIÉE. — Hélas !

LE PÈRE. — Qu'y a-t-il ?

LE COUSIN. — Il y a, mon oncle, que Rosalie m'aimait, que j'aimais Rosalie, et que l'avoir donnée à un autre c'est épouvantable !

LE PÈRE. — Vous ne m'aviez jamais dit cela !

LA MARIÉE. — Hi ! hi ! hi !

LE COUSIN. — Hi ! hi ! hi !

LE PÈRE, *ému*. — Voyons, mes enfants, du courage, que diable. Rien n'est perdu. Epouse d'abord monsieur Topinard. Et puis, on verra !

nous avons le divorce. Vous êtes jeunes tous les deux. L'avenir est à vous !

Toujours le divorce.
Au faubourg :
— Alors, t'aime ma fille ?
— J'en raffole.
— Essaie-la !

J'assiste à un grand mariage.
Le jeune homme a trente-cinq ans.
Il porte un beau nom.
La mariée est laide comme les sept péchés capitaux.
Après la cérémonie, on parle des conjoints.
On vante les qualités de l'époux, on débine la toilette et la physionomie de sa moitié.

— Il est vrai, ajoute une troisième personne, qu'elle est si riche !

— Allons donc !

— Six cent mille francs de dot !

— De dot ! s'écrie le garçon d'honneur; vous voulez dire d'indemnité !

L'excellence pâte d'homme que ce M..!

Le mois dernier, on le prévient que sa femme

est en train de le tromper avec un sous-officier.

M... court à l'endroit indiqué.

C'était un hôtel de la rue des Victoires.

Il surprend sa moitié au moment où, tous voiles dehors, elle se disposait à se glisser dans les draps.

Il s'interpose, le sous-officier s'esquive, madame réintègre le domicile conjugal, l'époux consent à pardonner.

Quand ses bons petits camarades lui en parlent, il faut voir avec quelle conviction ce brave M... leur répond :

— Je sais, je sais. Il était temps. Une minute de plus, *elle cessait d'être une honnête femme !*

X. a fait fortune en laissant à sa femme la bride sur le cou.

Durant cinq ans on ne voyait qu'elle, étalant aux yeux des banquiers éblouis de provocants décolletages.

On parlait de lui, hier, au Cercle.

— Il a vite fait son chemin ! disait quelqu'un.

Et le voisin de répondre :

— Il était si bien épaulé !

———

— Comment va le ménage ?
— Mal !
— Ta femme ?
— De plus en plus embêtante !
— Plante-la là.
— Jamais. Je la connais. *Elle repousserait.*

———

X... est le doyen des cornards.

Il dînait hier chez ce farceur de F...

— Encore un peu de champagne, mon cher X... ?

— Non !

— Mais si.

— Non !

— Pourquoi ?

— Il me monte à la tête.

Et F..., bas à son voisin :

— Le fait est qu'il y a de quoi grimper !

Balandard est cocu.

Il le sait.

Et il en souffre.

Malheureusement, l'amant de sa femme est un gaillard de six pieds qui ne badine pas, et Balandard n'est pas la bravoure en personne.

Quand sa femme et son amant sortent, il se contente de les suivre de loin, en accusant le ciel.

C'est ce qu'il appelle *filer le parfait amour*.

— Qu'apprends-je, ma chère !
— Vous m'avez fait peur !
— Quoi ! c'est vous qui... ?
— Achevez.
— Votre mari qui vous aime tant !

— Si vous connaissiez l'autre !
— Mais enfin, votre époux vous adore ?
— Oui, mais c'est un blasé. Il lui faut des mets épicés. Il comptait sur moi pour lui monter la tête.....
— Pas de cette façon-là !

M. X... vit de sa femme, laquelle est actuellement entretenue par le prince de L...

Un de ses anciens amis, révolté d'un pareil scandale, va le trouver, dans l'espoir de le faire revenir à de meilleurs sentiments.

— Tu n'as pas honte ! lui dit-il. A quoi peux-tu penser quand tu sais que ta femme est dans les bras d'un autre ?

Et X... plein de dignité :

— Je m'impatiente !

———

Mme T... n'est pas heureuse en ménage.

Elle est, en effet, accouplée à un butor qui, chaque soir, rentre chez lui plus ou moins gris, et la bat jusqu'à plus soif.

Heureusement que notre pochard vient d'être atteint d'une fluxion de poitrine qui met ses jours en danger.

Hier, un ami de la maison demandait à Mme T..., des nouvelles de son mari.

Et la victime, en soupirant :
— Il ne me bat plus que d'une aile !

Un mari pratique.

Il est restaurateur.

A l'heure du déjeuner, les employés des environs affluent et le service chauffe.

Avant hier, l'établissement était comble.

Notre mari, n'en pouvant plus, cherche sa femme, qui a disparu.

Il descend à la cave, instinctivement, et la trouve en conversation criminelle avec un client.

Alors, prenant un air de mépris :
— *Tu ferais bien mieux de m'aider !*

C'est tout.

Le triomphe de l'habitude.

Aujourd'hui comparaît, comme témoin, à la

Correctionnelle, un individu qui a coutume de battre sa moitié trois fois par jour.

Le président l'invite à déposer.

— Levez la main, lui dit-il.

Notre homme regarde de tous côtés.

— Qu'est-ce que vous avez ? lui demande le président.

— Je cherche ma femme !

— Je suis l'homme le plus malheureux du monde. Ma femme est pleine de nerfs!

— Diable !

— A la moindre envie non satisfaite, ce sont des scènes, et la voilà partie d'un train d'enfer.

— Et ça dure ?

— Jusqu'à ce que j'aie cédé.

— Alors, elle s'arrête ?

— Subitement. Elle renverse ses vapeurs.

— Dites-moi, vous adorez toutes les femmes?
— Toutes.
— Mais cela doit vous coûter des sommes considérables?
— Non. J'équilibre mes ressources. Tant pour

le loyer, tant pour mon tailleur, tant pour ma nourriture...
— Et pour l'amour?
— Trente mille francs.
— C'est le budget des cultes.

Aux bains de mer.
— Baigneur!

— Madame ?

— Ne ne serrez pas comme ça !

— Non madame.

— Ciel !

— Quoi donc ?

— Je vous reconnais !

— Hein !

— Vous êtes le vicomte de la Rigolière !

— Pour l'amour de Dieu, parlez moins haut !

— Se déguiser ainsi pour séduire une femme ! et la sentir frémissante, en peignoir, dans les bras...

— ... D'un jeune homme qui vous aime à la folie !

— Si mon mari était là !...

— Il n'y est pas.

— Vous n'oseriez...

— Faites-le venir.

— Vous ne connaissez donc que les moyens extrêmes !

———

T... connaît les écarts de sa femme.

Il en a pris son parti.

Aujourd'hui, il rencontre un de ses amis.

— Ah! dit-il, je suis désolé!

— Quoi donc?

— Jamais ma femme ne me le pardonnera.

— Qu'est-ce qu'il y a?

— Elle est enceinte!

Et l'ami, sans broncher :

— Dis-lui que c'est de moi!

— Gaston.

— Monsieur.

— Vous aimez ma fille?

— A la folie.

— Alors, écoutez-moi bien. Si vous ne vous décidez pas à devenir raisonnable, jamais vous ne l'aurez en mariage.

— Oh, mon Dieu, ce ne serait pas en mariage...

— Vous dites?

— Je ne suis pas si exigeant!

S... a enterré sa femme la semaine dernière. Depuis ce jour, ce sont noces sur noces.

Avant-hier, il rencontre un de ses amis dans un état d'ébriété complète.

— Eh bien, lui dit-il, on s'est donc pochardé ?

— Moi ! exclame l'ivrogne.

— Voyons, réplique S... ne t'en défends pas. *Tu es plein comme un veuf !*

———

— K... est marié ?
— Depuis un an.
— Qu'est-ce qu'il fait ?
— Il monte des chevaux de course.
— Et sa femme ?
— Sa femme le trompe dans l'intervalle.
— En un mot...
— Ils courent chacun de leur côté.

———

— Tiens, le vicomte !
— Comment va ?
— Vous avez l'air triste !
— Vous ne savez pas ce qui m'est arrivé ?
— Non.
— J'ai perdu toute ma fortune à la Bourse.
— Ruiné ?
— Complètement.
— On prétend pourtant que vous dévorez cent mille francs par an.
— Oh ! ceux-là ne sont pas à moi.
— A qui donc ?
— C'est la dot de ma femme.

— Elle est laide ?
— Atrocement.
— Alors pourquoi l'a-t-il épousée ?
— Parce qu'elle a cent mille livres de rente.
— Vous m'en direz tant. Comment se conduit-il avec elle ?

— Il est aimable.

— Il paye ses dettes.

———

— Vous n'aimez plus votre femme ?

— Non.

— Quand vous l'avez épousée pourtant, vous disiez caresser un réve...

— A rebrousse-poil !

LES FILLES

LES FILLES

A Chantilly :
— Tiens, la petite K... est avec le baron ? Je

le croyais ruiné.
— Il l'a prise à dix contre un.

———

Ce soir, je rentre chez moi, je vois une jeune femme que des agents ramassaient.

Elle paraissait couverte de blessures.

Un Roméo sans conscience était monté chez cette Juliette d'occasion, puis avait voulu redescendre sans bourse délier. La petite dame avait couru après, et, en pleine rue Fontaine, le monsieur lui avait administré une volée magistrale. La police, bien entendu, était arrivée trop tard.

Même que la pauvre fille a eu un mot typique.

Un brigadier lui ayant demandé quel était le coup dont elle souffrait le plus :

— Celui du lapin, a-t-elle répondu avec une naïveté touchante.

———

Il y a une dizaine de jours, le vicomte de F... va rendre visite à une de ses petites connaissances, une excellente occasion, paraît-il, du moins à ce que prétendent le vicomte, ses amis, les amis de ses amis, et toute la rive droite.

Au moment où il dépasse le seuil de la porte, la vieille bonne, — que les méchantes langues prétendent être la mère, — la vieille bonne, dis-je, s'avance au devant du vicomte et, lui mettant la main sur le bras :

— Pauvre Zoé !
— Elle est malade ?
— Non. Elle est obligée de quitter Paris.
— Pourquoi ?
— Son père vient de succomber.
— Des devoirs de famille.
— Oh ! vous pouvez entrer tout de même. Elle fait ses malles.

Le vicomte entre, et trouve, en effet, la jeune première penchée sur un sac de nuit.

— Eh bien ? lui dit-il.
— On t'a raconté ?
— Je viens d'apprendre...
— Mon pauvre père ! sanglote Zoé. Je pars pour Nancy par le train de cinq heures. Tu vois, je n'ai pas beaucoup de temps. *Dépêche-toi.*

— Tu as connu Léontine ?
— Beaucoup.
— Que devient-elle

— Hum! hum!
— Et elle vit?

— Au jour la nuit.

Il y a des femmes par trop susceptibles.

Un de mes amis entre chez une parfumeuse pour faire emplir un flacon.

— Qu'est-ce que vous me prendrez? lui demande-t-il.

Elle lui flanque une gifle.

— Eh bien, qu'as-tu fait de ta conquête ?

— Je l'ai emmenée chez Brébant. Quel déchet à la lumière ! Quarante ans au moins. Avec cela qu'elle dévorait ! Elle en a mangé pour cinq louis !

— Une faim de saison.

Rencontré la petite Zélie aux environs du Jardin des plantes.

Elle allait respirer l'air du Midi.

A UNE DAME

Quoi ! vous me demandez, madame,
Ce que je pense d'Elluini ?
Mais ce beau temps de la réclame
Pour elle, madame, est fini.
Pour qu'elle m'attire une histoire ?
Car elle est plaideuse à l'excès...
Elle aime à rire, elle aime à boire,
Elle aime à faire des procès.

Vous avouer avec franchise
Que l'esprit ne fut pas son don,
Qu'elle ressemble à Cydalyse
Comme Philippe à Cupidon,
Serait imprudence notoire !...
En Justice elle a trop d'accès.
Elle aime à rire, elle aime à boire,
Elle aime à faire des procès.

Raconter que, par aventure,
De l'hymen soufflant le trépied,

Vénus lui dépêcha Mercure
Pour la soigner d'un coup de pied!...
Pour se venger d'un tel déboire
Au parquet elle accourt... Après?..
Elle aime à rire, elle aime à boire,
Elle aime à faire des procès.

Non, madame, je dois me taire;
Madame, je ne dirai rien.
Mon avis doit être un mystère
Pour son repos et pour le mien.
Elle oppose un déclinatoire
A qui la touche de trop près...
Elle aime à rire, elle aime à boire,
Elle aime á faire des procès.

— Tu le connais?
— Depuis six semaines.
— Je le crois généreux.
— On le dit.
— C'est écrit sur sa physionomie.

— Je n'ai pas encore eu l'occasion d'y lire.
— Tiens ! pourquoi ?
— Il me regarde toujours en dessous.

Boulevard Montmartre :

ALPHONSE. — Enfin, te v'là !
ADÈLE. — Et puis après ?

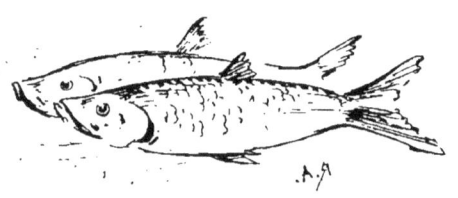

— Après, que l'on t'a vue avec deux messieurs.
— Possible.
— Tu me le payeras !
— Parbleu !

— Est-ce possible ?
— Absolument. Voilà cinq ans que je vous aime sans oser vous le dire et sans savoir...
— Sans savoir ?
— Si j'ai trouvé le chemin de votre cœur.
— Informez-vous.
— Les gardiens de la paix se moqueraient de moi !

———

Sur la plage :

ELLE. — Vous êtes riche ?
LUI. — Énormément.
ELLE. — A quoi passez-vous votre temps ?
LUI. — Je fais courir.
ELLE, *baissant les yeux*. — Des risques ?

— Tu connais mesdames de Saint-Edme?
— Si je les connais !
— Des intrigantes ?
— De premier ordre. La fille passe son temps à tirer des carottes aux hommes.
— Et la mère ?
— La mère les épluche !

A la campagne :
— Ludovic !...

— Amélie !...

— Je t'aime !
— Ah ! bah !
— Mon cœur bat !
— Monnaie ?

———

— Oh ! Clara, quelle aventure !
— Ne m'en parlez pas !
— Il pouvait vous tuer !

— Vous exagérez.
— Comment ! un mari qui vous surprend avec un officier, et dans un négligé !

— Pas tant que ça !

— Par exemple !

— Il n'y a pas de : par exemple. *J'avais gardé mon corset !*

———

Grande soirée chez Mlle T...
Conversation vive et animée.
On parle de l'amphitryonne.

— Elle a l'air triste.
— Il y a de quoi !
— Que lui arrive-t-il donc ?
— Le comte la lâche.
— Bah ! il lui reste...
— Un acteur et un commis.
— C'est tout.. ?
— Tout.
— Elle va se trouver bien seule !

———

— Oui, je l'aimais !
— A l'œil ?
— A l'œil !
— Alors ?
— Il a été le raconter à tout le monde.
— Et... ?
— J'étais compromise !

―――

— Oh ! Clara !
— Quoi donc, ma chère ?
— Si tu savais ce qui m'arrive !
— Parle vite.
— Le marquis est mort !
— Depuis quand ?
— Depuis hier.
— Quel coup pour toi !
— Ne m'en parle pas.
— A cette nouvelle ton cœur n'a fait qu'un tour ?
— Au Bois !

―――

L... se laisse entraîner par une blonde,

...Qui chaque soir
Avec les rats au clair de lune,
Fait le trottoir.

Il monte et, avant de partir, laisse sur la cheminée une pièce de vingt francs.

La petite demande le double.

Il résiste.

Une discussion s'engage.

Tout à coup paraît une énorme casquette de soie.

— Voyons, voyons, dit l'homme, on ne veut donc pas être raisonnable avec bibiche !

— Vous savez, répond L..., brandissant sa canne, avec vous je ne discuterai pas. Si vous avez l'air de menacer, je cogne.

— Vous menacer, reprend le Marlou, jamais ! Seulement, je vous préviens, moi, de mon côté, que, si vous n'êtes pas poli, j'écrirai au Préfet de Police.

— J'y étais venu dans l'intention de la refaire.

— Elle aurait été furieuse !

— C'est une maligne. Elle a débuté par une scène épouvantable.

— Et alors?

— Tu juges de ma surprise. J'en ai perdu mon lapin.

— Drame palpitant chez une cocotte à la mode.

Un prince russe se présente, capte sa confiance, gagne son amour et, au moment où elle va lui causer argent, plus personne.

Vous voyez d'ici la dame qui grince des dents, tape des pieds et crie par les fenêtres.

Si bien que les voisins furieux commençaient à la trouver mauvaise et se préparaient à se fâcher, quand la femme de chambre les désarma par ce mot superbe :

— Ce n'est pas la faute à madame. *C'est le lapin qui a commencé !*

— Comment ça s'est-il passé ?
— Ma chère, c'est affreux.
— Dis toujours.
— Je l'avais rencontré chez Augustine.
— Alors ?
— Il demande à me venir voir. Je refuse.
— Pourquoi ?
— J'avais une raison pour cela. Le lendemain, pendant que je m'habillais, qu'est-ce que je vois ?
— Lui.
— Juste. Alors, tu juges de ma surprise !
— Qu'est-ce que tu as dit ?
— Rien ! J'étais renversée !

―――

J'arrive et je la vois en larmes.

Ainsi que l'auraient fait tous les gens qui ont le cœur sensible, je m'approche d'elle, je lui prends la taille, et comme elle est jolie, je l'embrasse respectueusement une dizaine de fois.

— Ah ! me dit-elle en se débarrassant de son

peignoir, tant la douleur lui donnait la fièvre, vous êtes un véritable ami, vous !

— Certainement.

— Un ami auquel on peut avoir confiance.

— Je vous crois.

— Eh bien ! dites-moi si je ne suis pas la plus malheureuse des femmes. Je rencontre un homme ; aussitôt je l'aime, comme Juliette aime Roméo. Je m'abandonne à lui, tout à fait, com-

plètement. Je lui dis : Me voilà, fais de moi tout ce que tu voudras ! Après toutes les preuves d'amour que peut fournir une femme, je lui donne toutes les preuves de mon désintéressement, car je ne lui avais encore demandé ni diamants, ni hôtel, ni chevaux, ni voiture. Il ne peut pas dire que je l'ai trompé. Sur ma mère, qui m'entend, je lui suis restée fidèle ! Eh bien ! ce matin, il me quitte, me met dans la main une bourse, comme si j'étais la première venue, et m'annonce qu'il ne reviendra plus.

— Et ça durait...?

— Je l'avais rencontré hier au soir !

———

— Elle a quitté Ludovic ?

— Pour le motif le plus futile.

— Conte-moi ça.

— Tu sais tout ce qu'il faisait pour elle. Après un an de liaison, il l'invite un jour à faire une promenade dans son phaéton. Elle accepte ; les voilà partis. A l'entrée du bois de Boulogne, il accroche le petit vicomte...

— Quel rapport ?

— Il ne fallait qu'un prétexte, elle a choisi celui-là.

— Je ne comprends plus.

— *Il s'était mal conduit avec elle.*

———

— Je croyais que vous étiez né avec une jolie fortune ?
— Mais oui.
— Qu'est-ce que dit donc Jules que vous avez tâté de la vache enragée.
— Il veut parler d'Ernestine.

— Oui ma chérie, le monde va finir.
— Le demi aussi ?

— Clara.
— Chérie ?
— Et la fille ?
— Je voudrais la marier.
— A qui ?
— Au duc de Mirchicoff.
— Il a soixante-quatorze ans.

— Oui, mais cent mille livres de rente. Elle n'a rien à y perdre.

— Oh! certainement. Elle ne perdra rien avec lui!

— Lodoïska!
— Qu'est-ce qu'il y a?
— Je m'en vais.
— Déjà!
— Il est six heures du matin et ma femme m'attend.
— Six heures! C'est impossible.
— Le soleil se lève.
— (*Soupirant.*) Lui aussi!

La scène se passe au quartier latin.

Depuis quelques instants, un étudiant entreprend, avec une chaleur qui lui fait honneur, l'éloge des femmes du monde.

Amanda est furieuse et, n'y tenant plus :

— Assez, s'écrie-t-elle, tu nous assommes avec tes femmes honnêtes. *Ça finit par être dégoûtant !*

Une femme absolument honnête, c'est la baronne de la Roche d'Asnières.

Sa fille a commis une faute.

Mariée à un pharmacien de Tunis, elle a quitté son époux pour fuir en compagnie d'un danseur du Caire.

Mme de la Roche d'Asnières a été profondément humiliée.

Quand sa fille est revenue à Paris, sa mère lui a tenu le discours suivant :

— Ma chère, c'est la première fois que notre blason a une tache. Ne cherchez plus à me revoir.

— Quoi ! s'est écriée la coupable, jamais ?

— Jamais, devant le monde.

— Où donc alors épancher mon cœur de fille ?
— Quelquefois, au café !

Hier, grande soirée chez une de nos demi-mondaines à la mode.

A minuit, raout !

On a éteint les bougies.

Et chaque invité a compromis sa voisine.

On en causait encore ce soir chez Fleur de Repentir.

— Sur qui es-tu tombée ? lui demanda une amie.

— Je ne sais pas, répondit Fleur-de-Repentir, étonnée de la question.

— Comment ça ?

— Ces messieurs tiraient au jugé.

— Tu n'es plus avec Gustave?
— Non.
— Pourquoi?
— La vie était devenue insupportable.
— Allons donc!
— Chaque fois qu'il apprenait que je le trompais, il me fichait des coups.
— Oh!
— J'en serais morte!

Elle était seule à Bougival.
Un gommeux s'approche d'elle.
— Qu'est-ce que vous me voulez? lui demande Julia.
— Vous emmener à l'hôtel.
— Payez-vous à souper?
— Oui.
— Donnez-vous cinq louis?
— Certainement.
— C'est bien. Je cède à la violence!

— Vous dites ?
— Que je vous aimerai si...
— Si... ?
— Vous faites bien les choses.
— Et quelle sera votre loi ?
— Celle de Lynch.
— Œil pour œil...
— Et... !
— Tant pour tant.

———————

— Eh quoi ! malheureuse enfant, tu n'as pas craint de jeter le déshonneur dans ta famille ?
— Mais, maman...
— Un homme de cet âge !...
— Je t'en prie...
— Il était donc irrésistible ?
— Il m'avait dit que si je ne lui cédais pas il se tuerait.
— Après !
— Songe, maman, qu'il est père de famille !

———————

— Eh bien ?
— Eh bien, ma chère, il est venu.
— Alors ?
— J'ai voulu le faire mettre à la porte par ma femme de chambre ; il a insisté, et est entré de force dans mon boudoir.
— Et ?
— J'ai succombé !
— C'est un homme de caractère.
— Je ne connais pas encore son caractère, mais je sais qu'il a été très ferme.

— Qu'est devenue Coralie ?

— Elle a mal tourné !

— Comment ça ?

— Elle a quitté sa mère pour courir après un lieutenant du 24e.

— Et elle l'a rattrapé ?

— A Versailles. Ils sont demeurés un an ensemble. Le lieutenant lui avait juré un amour éternel. Va te faire fiche ! Un beau matin, il l'a priée d'aller voir à Paris s'il y était.

— On ne prend pas un officier pour amant.

— *C'est bâtir sur le sabre !*

— Qu'est-ce que c'est que cette dame ?

— Une personne très bien, Mme de Sainte-Adresse.

— On dit qu'elle a un amant.

— Oui, mais elle est mariée.

— Alors, ça ne regarde plus qu'elle.

Breda-street :

— Alors le prince vient tous les jours chez elle?
— Tous les jours.
— Et le mari...?

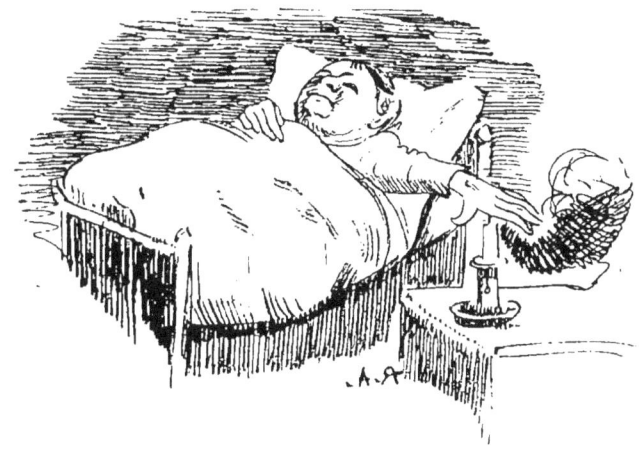

— Le mari se tait.
— Chose étrange!
— Quoi donc?
— C'est le mari qui tient la chandelle et c'est le prince qui éclaire.

# PROPOS DE THÉATRE

PROPOS DE THÉATRE

Entre petites camarades :

— Zélie est souffrante.

— Vraiment?

— Elle ne peut plus mettre un pied devant l'autre.

— C'est si loin !

———

— Tu connais la fille à Dumont?
— Oui.
— Elle est au théâtre?
— Depuis un an.
— Je ne l'en félicite pas.
— Ni moi non plus.
— Est-ce qu'elle se conduit bien?
— Pas toute seule !

———

Musique sérieuse.

Pendant l'introduction du second acte:

— Ils jouent ?
— Oui.
— Tiens !
— Vous n'entendez pas ?
— Si, mais je croyais qu'on s'accordait !

*
* *

A la sortie :

— Quel est le passage qui vous a le plus frappé ?
— Celui du vestiaire.

A une répétition :

— Oui, mon petit chat, votre jupe aura une traîne.
— Hi ! hi ! hi ! hi

— Pourquoi ces larmes !
— Hi ! hi ! hi ! hi !
— Parlez.
— On ne verra pas mes jambes.
— Mais si ! mais si ! Après la représentation.

— C'est pas assez. C'est *sur scène* que je veux qu'on les regarde.

— (*Sévèrement.*) Les jambes des demoiselles ne sont pas faites pour ça.

— Pour quoi faire alors ?

— *L'ingénue se mêlant à la conversation.* Pour courir !

Au foyer.

L'AUTEUR. — Oui, mesdames, si vous avez une infortune à consoler, ne vous gênez pas ; mon répertoire est à votre disposition... Je me rappellerai ce que j'ai dit à Sarah : « Vous voulez faire une bonne œuvre, allez-y. Dans ces cas-là, il faut que tout le monde donne. Vous donnerez votre concours, vos camarades donneront le leur, les tapissiers donneront leur matériel, les gaziers donneront leur temps... »

— Et vous ?
— Moi, je donnerai mon autorisation.

— Tiens, le baron !
— Bonjour, chère. Toujours dans les chœurs ?
— Gailhard est si injuste !
— Il me semble pourtant que vous avez une voix...
— N'est-ce pas ?
— Digne d'être remarquée...
— Parbleu !

— Et que quelqu'un qui vous pousserait...

— Vous dites?

— Un petit quatrième, boulevard Haussmann...?

— Un quatrième? Ma voix ne monte pas jusque-là!

— — —

— Vous souvenez-vous de la petite Caroline?
— Oui... Eh bien?
— Vous l'avez connue innocente?
— Tout à fait.
— Aujourd'hui...
— Aujourd'hui?
— Elle fait la noce.
— Depuis...?
— Depuis qu'elle est entrée au Conservatoire.
— Elle a pris la clef des chants.

— — —

On parlait hier au foyer du Théâtre-Français, d'une actrice dont le nez est d'une longueur plus que respectable.

— C'est une petite folle.
— Vraiment ?
— Une écervelée qui ne voit pas plus loin que le bout de son nez.
— Avec une lorgnette ?

Une danseuse de l'Opéra reçoit la visite d'un jeune homme.

— Je viens, lui dit ce dernier, causer sérieusement avec vous.
— Je vous écoute.
— Vous êtes la maîtresse de Gustave.
— Après ?
— Il avait devant lui un avenir superbe.
— Eh bien ?
— Vous l'avez compromis.
— Ensuite ?
— Ensuite ? Il était jeune. Il a cent ans. Il était intelligent. Il est idiot. Il possédait trente

mille livres de rente. Il est ruiné. Il se pourrait que demain il se brûlât la cervelle. Voilà ce que

vous avez fait de mon meilleur ami. Qu'allez-vous répondre ?

Et la petite, sanglotant :
— Je ne suis pas coupable ! *Je l'adorais !*

La scène se passe au café de la Chartreuse :

— M'as-tu vu dans *Kean ?*
— Non.

— Mon vieux, plus beau que Frédérick !
— Ah bah !
— Tous les soirs, de onze heures à minuit, c'étaient des fleurs.
— Et moi donc !

— Toi aussi ?
— Toute la soirée j'empoignais le public.
— Quel rôle jouais-tu ?
— Je ne faisais pas de théâtre à cette époque-là. J'étais gendarme !

A l'Opéra :

Pendant l'entr'acte.
— Zoé, qu'est-ce que tu as donc ?
— J'ai que tu m'assommes à me faire admirer l'escalier.
— Pourquoi ça ?
— Tu sais parfaitement ce que je veux dire.
— Je te jure que non.
— Eh bien ! ton insistance me ferait supposer que tu cherches à te moquer de ma famille.
— Je ne comprends pas.
— Ils étaient tous frotteurs.

— Cette Sarah Bernhardt est vraiment insupportable !

— Ne m'en parlez pas.
— Elle ne sait plus qu'inventer pour qu'on s'occupe d'elle.

— A tel point que si j'étais son amant et qu'elle m'appelât : « mon chien »...

— Eh bien !

— Je ne vivrais plus en me rappelant certaine fantaisie d'Alcibiade.

LES MÈRES D'ACTRICES

LES MÈRES D'ACTRICES

— Et votre fille, m'ame Pelachet?

— Ma Virginie ?

— Oui.

— Eh bien ! ma pauvre dame, ca y est !

— Depuis quand ?

— Depuis quinze jours.

— Vraiment !

— La pauv'chérie tremblait !

— Un monsieur bien ?

— Très comme il faut. Je la vois encore me faisant ses adieux. C'était le soir, il pleuvait à verse...

— Misère du monde !

— Oh ! pas tant que ça. Mille francs par mois !

———

— Eh bien ! madame Corneloup. Comment va ?

— Ça boulotte.

— L'enfant aussi ?

— C'est pas la même chose.

— Est-ce qu'elle serait malade ?

— Ne m'en parlez pas. Je l'envoie passer deux jours à la campagne,

— Eh bien ?
— Elle devient subitement enceinte.

Au Conservatoire :

— Qu'est-ce que vous faites de Pneuméa.
— Elle est chez un passementier.
— Trente sous par jour ?
— Au plus.
— La mienne est plus heureuse.
— Oh ! la vôtre !
— Elle m'a dit hier qu'à partir du mois prochain, elle travaillerait pour son comte.

Aux concours du Conservatoire :

— Lisa concourt ?

— Un peu.
— Elle a une voix ?
— Carrossable !

Mme Cardinal apprend que sa cadette est dans

une situation intéressante.

Elle saute sur elle et va lui arracher les yeux, quand paraît M. Cardinal, qui, sentant remuer ses entrailles de père :

— Arrête ! s'écrie-t-il. *Elle ne l'a peut-être pas fait exprès !*

———

— Et Louise ?
— Pauvre fille !
— Pourquoi ?
— Chaque fois qu'il revient de Russie, c'est un nouvel enfant.
— Au moins, est-il généreux ?
— Ah bien oui !
— Comment fait-elle ?
— Elle ne sait pas de quel côté se tourner !

— M'ame Pichu !

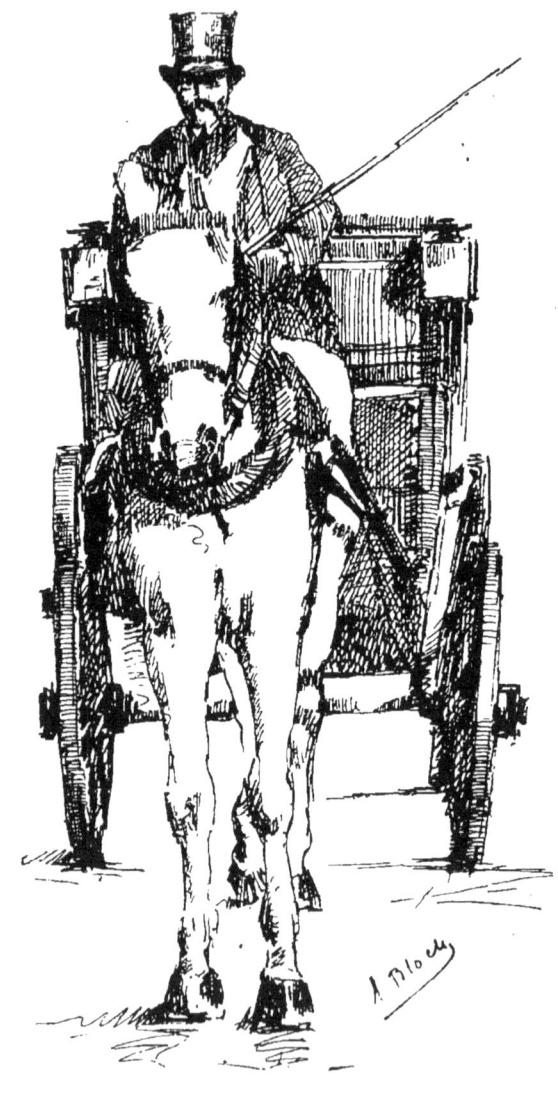

— M'ame Rodillart !

— Vous ici ?
— Pour mon Angèle. Louise va bien ?
— Comme un charme.
— Comment se conduit-elle ?
— A deux chevaux !

———

— Et Caroline ?
— Ça va.
— Toujours jolie ?
— Toujours, grâce à Dieu.
— La voix ?
— Charmante.
— Elle travaille ?
— Il le faut bien !
— On la dit très avancée ?
— De quatre mois.

———

Gobéa vient de succomber.

Elle a lutté six mois, mais ç'a été plus fort qu'elle.

Elle a succombé avec un homme de six pieds quatre pouces.

Sa mère a eu un mot superbe.

Comme on l'interrogeait sur la chute de sa fille :

— Cet homme était trop haut ! a-t-elle répondu. Elle aura eu le vertige !

— Est-ce vrai, m'ame Baudru, que votre fille ait un enfant ?
— Laquelle ?
— L'actrice.
— Oui, et après ?
— Quelle horreur !
— C'est la faute à son directeur.
— Comment ça ?
— Avant de signer, il lui a dit qu'il voulait lui faire faire une création. Comprenez ?
— Vous m'en direz tant..!

Mimosa est doublée d'une mère compromettante, en ce sens qu'elle est constamment chez sa fille, ce qui peut gêner les visiteurs.

L'autre jour, Fiorina, son amie intime, lui en faisait l'observation.

— Tu as tort répondit Mimosa, ma mère est discrète.

— Mais il y a une question de dignité.

— De dignité ! ma mère n'en a jamais manqué. Elle était là, l'autre jour, pendant que le baron me disait des bêtises, elle n'a pas ri une fois.

— Quelle attitude pouvait-elle avoir ?
— *Elle faisait semblant d'essuyer les meubles.*

LES MÈRES D'ACTRICES

— Qu'est devenue Maria ?
— Ne m'en parle pas.
— Comment ça ?
— Elle est entrée au Conservatoire.
— Eh bien ?
— Elle en est sortie.
— Et alors ?
— Elle a mal tourné.
— Voilà ce que c'est que d'écouter sa mère.

———

— Bonjour m'ame Pichu.
— Bonjour m'ame France. Et Virginie ?
— M'en parlez pas !
— Qué qu'y a donc ? Elle a mal tourné ?
— Oui.
— Qu'est-ce qu'elle fait ?
— Elle reste honnête !
— Pauv' m'ame France !

———

A la distribution des prix de vertu.

— Votre fille ne tenait pas beaucoup au prix de vertu?
— J'aurais assez aimé qu'elle eût un accessit... pour le monde.

Distribution des prix au Conservatoire.

Mme Cabas n'y était pas.

Elle assistait, à l'Institut, à la proclamation des prix de vertu.

Et pourtant Sidonie Cabas, sa fille, a remporté le deuxième accessit de comédie.

Mais Mme Cabas voulait s'asseoir à côté de Sarcey.

Grâce à quelques œillades lancées à Pingard, elle est arrivée — l'intrigante! — à prendre place à côté du critique du *Temps*.

Evidemment, la conversation s'est engagée.
— Tiens, c'est vous?
— Oui, c'est moi.

Etc., etc.

Puis, le chapitre de Sidonie a été bien vite entamé.

Sarcey en Mentor, risqué quelques observations à ce sujet :

— Chère madame, faites attention, votre fille est jeune. Je l'ai vue, l'autre jour, sur les genoux d'un journaliste, puis successivement sur ceux de tous ses camarades. En un mot, elle manque de tenue.

Alors Mme Cabas, furieuse :

— Si c'est possible ! C'est Talbot son professeur !

———

— Est-ce Dieu possible ! Quoi ! Votre adorée a eu un malheur ?

— N'm'en parlez pas. J'm'en ronge les sangs !

— Et qui donc, sans vous offenser, l'a mis dans c't'état, l'pauvre ange ?

— Est-ce que je sais ! Elle dit que c'est des reporters !

———

Pendant les examens du Conservatoire :

I

— Comment trouvez-vous Phrasie ?
— Très bien.

— N'est-ce pas ?
— Seulement, un peu maigre de la gorge.
— Ça se fera.
— Faudrait qu'elle engraisse.
— Dites pas ça. Pauvre chérie ! ça porte malheur aux jeunes filles !

II

— Regardez donc, m'ame Livrot.
— Hein ?
— Il y a là deux messieurs qu'ont rudement applaudi vot'fille.
— Où donc ?
— Au troisième rang.
— Ah ! oui, je les vois.
— Vous savez qui c'est ?
— Je les connais de vue. Y en a un des deux qui doit être le père de mon petit-fils.

III

— Mes compliments, ma chère amie.
— Monsieur le baron est trop bon, et je l'en remercie. Ja me suis si fière de Caroline !

— Elle a chanté comme un ange.

— N'est-ce pas?

— Ça la conduira loin.

— Surtout si Monsieur le baron voulait l'emmener.

———

— Bonjour, m'ame Pigrin.

— Bonjour, m'ame Daru.

— Comment Hortense supporte-t-elle l'existence?

— Toujours heureuse.

— Avec qui?

— Il y a quinze jours que je l'ai vue.

— Elle en change?

— Comme de chemise.

— Et vous lui permettez?

— Une jeunesse! Elle est sortie du Conservatoire avec un prix. Je lui ai laissé...

— Le chant libre.

———

— Maman ?
— Claire ?
— Crois-tu que je puisse répondre à ses avances ?
— Je te laisse libre. Tu es assez grande maintenant.

Le baron a été chercher la petite D... une nature — pour la garder quelques heures.

La mère n'a pas eu le cœur de s'y opposer mais, prenant sa fille à part :

—Je n'ai pas besoin de te recommander d'être raisonnable. Tu sais que tu chantes demain.

— Croiriez-vous cela ?
— Quoi donc ?
— Il m'a lâchée !

— Ton comte?

— Mon comte. Oh! les hommes. J'ai juré de me venger!

— Avec quoi?

— Et sa fille!

— Que sont devenues vos filles, m'ame Prochet?

— Elles font l'article.

— Comment ça?

— L'aînée courtise les journalistes.

— Et l'autre?

— Elle est dans la passementerie.

LES

FEMMES DU MONDE

LES
FEMMES DU MONDE

Mme de L..., après de longues luttes, est devenue la maîtresse du petit vicomte.

A partir de ce jour, mettant toutes voiles

dehors, elle a affecté les airs de nos horizontales à la mode et son excentricité frise parfois l'inconvenance.

On en parlait, hier, chez une de ses amies:

— Comment se fait-il que la pauvre femme jadis si timide et si réservée, se soit livrée si facilement..?

— Elle a perdu la tête.

— Mais au lieu de montrer tant d'effronterie, elle devait, le crime consommé, cacher sa faute.

— Pas du tout. Une fois sa tête perdue, elle a cru devoir l'afficher.

— On la dit honnête.

— Parbleu !

— Pourquoi cette exclamation !

— Le moyen de faire autrement. Elle est trop laide pour trouver un amant. Ce qui ne l'empêche pas d'en mourir d'envie et de commettre

en pensée ce qu'elle ne peut faire en action.
— *Elle pèche dans le désert.*

―――

— Elle a filé ?

— Hier.

— Avec qui ?
— Un militaire.
— Qui paie ?
— C'est elle qui fait les frais.
— Jeune ?
— Vingt ans. C'est pour te donner une idée s'il est vert !

———

— Vous connaissez Mme M...?
— Parfaitement.
— Qu'est-ce que vous en pensez ?
— J'en pense qu'il lui a fallu bien de l'habileté pour passer pour un modèle de vertu.
— A force de poser !

———

— Docteur !

— Madame...

— Vous étiez sur la sellette.

— Et vous disiez ?

— Du mal de vous.

— Je devais m'en douter.

— N'en croyez pas un mot. Nous nous contentions de vous poser comme un homme dangereux.

Et le docteur, imperturbable :

— Moi, madame ? Il me suffit d'être inconvenant.

— Vous connaissez madame Une Telle ?

— Parfaitement.

— Est-ce que tout ce que l'on dit est vrai ?

— Mon Dieu, elle mérite des égards !

— Comment ?

— Elle a essayé au commencement de remplir ses devoirs.

— Et elle n'y est pas parvenue !

— L'éternelle histoire des Danaïdes.

A l'Académie :

Pendant la proclamation du prix de vertu.

— Vous êtes émue, madame?
— Oui, monsieur. Le tableau de tant d'honnêteté me fait honte.
— Il fallait vous faire inscrire.
— C'est bien à vous de vous moquer de moi. Sans vous, qui m'avez compromise.....
— Vous emportiez le premier prix ?
— Je ne dis pas cela, monsieur. Mais enfin, je pouvais prétendre à un troisième accessit.

―――

Le vicomte à une dame dans un état intéressant :

— Quelle valse vous nous avez jouée !
— Vous trouvez ?
— Adorable !
— Vraiment ?
— Enivrante !

— Vous me comblez.
— Irrésistible. Dans quelques mois vous ne pourrez plus la jouer.

— Pourquoi ?
— Elle ferait tourner votre lait.

A l'Académie :

— Vous ici !
— Moi-même.
— A une pareille séance !
— Pourquoi pas ? J'étais à la réception de Littré.
— Allons donc !
— Mais, mon cher, vous avez la stupéfaction insolente. Je connais tout le monde ici.
— Je ne sais que Legouvé qui valse encore.
— Vous vous imaginez donc que ma vie se passe entre deux contre-danses ? Pour un homme qui se pique de connaître les femmes, vous vous méprenez étrangement sur mon compte. Non seulement je suis au dernier mieux avec Legouvé, Doucet, Feuillet, Dumas fils et Sardou, mais j'ai fréquenté d'Haussonville, j'ai lu Marmier et j'ai patronné Henri Martin.

Et comme il demeurait saisi :

— Mon cher, continua-t-elle, il n'y a que la femme coupable que l'on cherche. La femme intelligente se trouve partout.

Saisi au vol chez Mme de R... :

Une petite blonde et un grand brun flirtent dans l'embrasure d'une fenêtre.

— Et quoi ? vicomte, voilà à peine deux heures que vous me connaissez et c'est une déclaration ?

— Absolument.
— Vous êtes tous les mêmes !
— Nous prenons feu plus vite que vous.
— Croyez-vous que ce soit un avantage ?
— Qui sait ?
— Si nous brûlons plus longtemps !

———

Sous le tunnel :

— Monsieur, finissez !
— Hein !
— C'est une infamie !
— Quoi donc ?

— Vous me prenez la taille.
— Je vous la rendrai !

- Vous êtes russe, madame ?
- Oui, monsieur, et en qualité d'étrangère, j'ai un renseignement à vous demander.
— A vos ordres.
— Quelle est la rue la plus fréquentée à Paris ?
— La rue de l'Amour prolongée !

— Croirais-tu cette madame de N...?
— Eh bien ?
— Tu ne sais pas la nouvelle ?
— Du tout.
— Elle a quitté son mari.
— Allons donc !

— Pour un homme de cheval. Une jeune femme qui respirait la vertu !

— Mon Dieu, oui. Seulement elle était tout de suite essoufflée !

Chez la comtesse :
— Je vous aime !
— Monsieur !..
— Je vous adore !...

— Auguste !
— Je t'idolâtre.
— Tu m'effraies !
— Toute ma vie pour une faveur.
— Vous perdez la tête.
— Et je te veux.
— Ciel !

Après un silence :
— Jure-moi que tu ne le diras pas ?

Conversation entendue aux Champs-Elysées.

— Il y a longtemps que vous avez vu Mme de Saint-Pecq ?...
— Voilà bientôt un mois.
— Tant que cela !
— Elle devient rare.
— Est-ce que... ?
— Vous ne le saviez pas ?
— Du tout.
— Le comte Karikoff l'a courtisée pendant deux ans. Il est séduisant et, ma foi..., un beau

soir, elle lui a sacrifié ses devoirs de femme et d'épouse.

— Qu'est-ce que Saint-Pecq fait pendant ce temps-là?
— *L'intérim!*

La semaine dernière, notre confrère M... se trouvait en soirée chez une vieille coquette, peinte sur toutes les coutures, et qui lui en veut de n'être pas plus galant.

— Je ne vous comprends pas, lui dit-elle, impatientée de sa froideur, vous êtes pourtant un homme bien élevé.

— Ce n'est pas une raison pour vous faire la cour.

— C'en serait une, d'abord. Jadis, il en était autrement.

— Ah! bah!

— C'était à qui porterait mes couleurs.

— Alors, elles ne déteignaient pas?

———

— D'où sortez-vous?

— J'ai été voir Mme Durand.

— Une soirée?

— Un concert.

— Quelles sont les personnes qui y étaient?

— Ne m'en parlez pas! La vieille Mme Binot qui a chanté l'air du page des *Huguenots* ; l'insipide comtesse de Mailloux, qui a hurlé une sérénade, et cette horrible petite marquise du Tremblard que vous connaissez.

— Un concert de musique phocale!

———

Mme Bertrand est une jolie veuve qui s'est souvent consolée de la mort de son mari. Elle a même besoin de beaucoup de consolations. Chaque fois qu'elle va dans le monde, on peut être sûr qu'elle fera la conquête du cavalier le plus disputé.

L'autre jour, elle était sur le point de tourner la tête au vicomte de Blancminet quand la maîtresse de la maison, arrivant :

— Ma chère, laissez-nous au moins monsieur de Blancminet.

Et Mme Bertrand :

— C'est l'aumône que vous me demandez ?
— Peut-être.
— Prenez-le donc, regrettant de ne pouvoir mieux faire.
— On vous en tiendra compte. C'est le dernier de la veuve.

— Ta fille se marie-t-elle ?
— Non.

— Et ce jeune homme dont tu nous vantais les avantages ?

— J'ai pris des renseignements.

— On parlait d'un oncle millionnaire.

— C'est vrai.
— Mais... ?
— Mais il était d'Amérique.
— C'est toujours un parent
— Trop éloigné.

Faubourg Saint-Germain.
Dans un boudoir.

— Dites-moi, chère amie, comment il se fait que, malgré l'invention de la poudre, l'amour continue de se servir de flèches?
— C'est pour empêcher les jaloux d'entendre.

CHAPITRE

DES BELLES-MÈRES

CHAPITRE

DES BELLES-MÈRES

Au coin du faubourg Montmartre (parbleu!) une femme est écrasée (évidemment!).

On se précipite.

On l'entoure.

Un gardien de la paix arrive, dresse procès-verbal, puis songe à porter la malheureuse dans la pharmacie la plus voisine.

Comme il se dispose à l'enlever, il aperçoit, debout devant elle, un monsieur fumant son cigare, les mains dans les poches.

— Monsieur, lui dit-il, si vous vouliez me prêter un coup de main?

— Pourquoi faire? demande le monsieur en lançant une bouffée.

— Pour donner des secours...

— C'est bien inutile.
— Comment?
— Elle est fichue.
— Mais cependant...
— Je m'y connais; je suis médecin. Elle n'en a pas pour dix minutes.

— Alors, aidez-moi toujours à la fouiller, que je sache son nom.
— Son nom?
— Oui.

— Madame Muchard.
— Vous la connaissez donc ?
— Très bien.
— Son adresse ?
— 12, rue de Laval.
— C'est une de vos amies ?
Et le monsieur, rallumant un second cigare :
— C'est ma belle-mère.

— Vous avez beaucoup de monde à dîner ?
— Quelques amis et quelques parents.
— On m'a dit que vous attendiez votre belle-mère ?
— Je m'attends à tout.

B... se promène donnant le bras à la belle-mère de son ami S...

Tout à coup B... fait un faux pas et tombe entraînant la vieille dame, qui se relève sans une égratignure.

Alors S... va à B... et, lui serrant affectueusement les mains :

— Je ne t'en veux pas. Tu as fait ce que tu as pu.

———

La nouvelle a couru que les femmes, continuant d'envier le sort des hommes, auraient décidé de fonder une académie féminine.

On a beaucoup ri.

Un seul homme a frémi.

C'est mon ami T...

Et comme je lui en demandais la raison :

— C'est que la mère de ma femme a des prétentions littéraires.

— Eh bien ?

— La vois-tu académicienne !

— Qu'est-ce que ça peut te faire ?

— Ce que ça me fait ? Une belle mère immortelle !

De gendre à belle-mère :

— Madame !

— Monsieur !

— Votre fille est insupportable !

— Ah ! bah !

— Elle a ses nerfs trois fois par jour.

— Et puis ?

— Elle est coquette, exigeante, colère !

— Ensuite ?

— Cela ne vous suffit pas ?

Alors la belle-mère se redressant :

— Croyez-vous que je m'en serais débarrassée sans ça ?

———

Devant le Trocadéro :

— Mon ami !

— Qu'est-ce qu'il y a ?

— Nous n'avons pas de billets de loterie.

— Eh bien ?

— On peut gagner le gros lot.

— Merci. Ta mère me la faisait déjà avant notre mariage.

On jouait aux devinettes chez la duchesse de R...

Le vicomte de Z... a eu un mot qui a jeté un froid.

— Savez-vous, lui demandait la mère de sa femme, le moyen de joindre l'utile à l'agréable ?

Alors lui, sans s'émouvoir :

— Parfaitement.

— Voyons ?

— C'est de battre les vêtements de sa belle-mère, pendant qu'elle les a sur le dos.

———

M. X... a fait faire son portrait par un peintre

le mérite à qui il a permis de l'exposer.

Mais M. X..., pour des raisons personnelles, n'a pas voulu que son nom fût connu.

Or, ce monsieur, sur son portrait comme dans la vie, a l'air sombre, préoccupé, fatal.

Le peintre a mis sur le catalogue:

Vivant avec sa belle-mère!!!...

NOS MAITRES

NOS MAITRES

Le comte de L... est mort avant-hier.

Aujourd'hui, nombre d'amis se réunissaient dans la maison mortuaire.

A une heure, un corbillard empanaché s'arrête devant la porte cochère.

Jean, le fidèle domestique du défunt, entre dans le salon et, s'adressant aux membres de la famille :

— Mon pauvre maître est attelé ! murmure-t-il en étouffant un sanglot.

Propos d'antichambre :

— La baronne de T...?

— Elle est sortie, monsieur.

— Tiens ! la petite Julie ! Tu n'es donc plus chez mon oncle ?

— Oh ! non, monsieur.

— De quelle voix tu me dis cela !

— J'ai juré de ne plus servir chez de vieux garçons.

— Et pourquoi ?

Julie, baissant la tête :
— *Ils sont trop regardants !*

Causerie :

— Ah ! mon cher, j'ai une bonne dont je ne peux rien faire !
— Je connais ça.
— C'est elle qui commande.
— Comme la mienne.
— A la moindre observation, ce sont des murmures.
— Toujours comme la mienne.
— Dans dix ans on ne pourra plus être servi.
— C'est-à-dire qu'on se servira tout seul.
— Il faudra être son domestique...
— Pour être son maître.

Aux Eaux.

Entre garçons d'hôtel :
— Ainsi, il y a chez vous... ?
— Deux cent trente chambres.
— Tant que ça ?
— Ni plus ni moins.
— Sapristi ! il doit en falloir un personnel là-dedans ?
— Et des punaises, donc !

Il y a une semaine, Mme de la Flanchade prend une femme de chambre.

On était convenu de tout, et rien ne semblait avoir été oublié.

Au bout de vingt-quatre heures, Delphine demande à parler à madame.

— Qu'y a-t-il, Delphine ?
— Madame, nous avons omis de causer de mes jours de sortie.
— Ah ! Eh bien ?
— Je voudrais le mardi et le vendredi.

— Seulement! Et qu'avez-vous donc à faire précisément ces jours-là ?

Et Delphine, soupirant :
— Le cœur, madame !

QUESTIONS D'ART

QUESTIONS D'ART

Les derniers envois du Salon arrivent.

Les conversations et les bons mots se croisent.

— Qu'est-ce que ce monsieur qui te salue ?

— Un intrigant qui se fait passer pour un peintre.

— Il expose ?

— Le tableau d'un autre. Il est incapable de faire un nez et n'a jamais croqué qu'une chose.

— Laquelle ?

— Le marmot.

*
* *

— Comment va ?

— Mal.

— Tu as envoyé ?

— Oui, une *Femme Nue*. Mais j'ai peur d'être refusé.

— Pourquoi t'entêtes-tu à peindre ?

— Parce que ce n'est pas fatigant. Je croyais que la peinture me mènerait à quelque chose...

— Cela pouvait être, à une condition...

— Laquelle ?

— C'était que tu y renonçasses.

* *

— C'est Eulalie ?
— Elle-même.

— Ton ancien modèle ?
— Tu l'as dit.

— Elle pose toujours ?
— Toujours.
— Pour le torse ?
— C'est fini. Elle a fait fortune.
— Pour quoi alors ?
— Pour la vertu.

Au Salon.
Devant la *Source de l'Amour*.
— Alors, voilà *La Source ?* demande une jeune fille à son cousin.
— Oui, ma cousine.
— Et son embouchure ? interroge l'ingénue.
Le jeune homme, soupirant :
— Oh ! ma cousine !

***

— Voilà deux heures que tu es devant cette *Eve*.
— Oh ! deux heures.

— Oui, deux heures. Ce sculpteur est d'une indécence !

— Mais l'art...

— Il n'y a pas d'art qui tienne. Quand on fait des femmes dans ce costume, on se donne au moins la peine de les vernir.

Après avoir regardé le buste de lord Byron.
— Tiens ! je croyais qu'il était boîteux !

— Qu'est-ce que c'est que cela ?
— Un Africain.
— Jamais un Africain n'a eu cette tête.
— L'artiste n'a peut-être pas pu l'attraper.
— Alors, c'est Bou-Amena !

— C'est le portrait de la petite Chose?
— Oui.

— Combien?
— Cinq cents francs.
— Faut-il que vous ayez du talent!

— Comment ça?
— Pour quatre cent vingt francs de moins...

— Eh bien?
— J'avais l'original.

— Est-ce que Landureau expose cette année?
— Je ne crois pas.
— Le motif?
— Résultat de l'expérience. Il a remarqué que les tableaux qu'il n'envoyait pas au Salon se vendaient beaucoup mieux.
— Pourquoi?
— Parce qu'on les voyait moins!

— Voilà mon tableau!
— Tu l'as vendu?
— Heureusement.
— Combien?
— Cinq cents francs.
— Alors, tu m'invites à déjeuner?
— A ton service.
— Viens casser ta croûte.

***

— Il y a peinture et peinture.

— Comme il y a fagots et fagots.

— Il y a la peinture malsaine et la peinture saine.

— Qu'appelez-vous la peinture saine ?

— La peinture... la peinture à l'huile...

— De foie de morue ?

***

Un monsieur furieux :

— Je demande à parler à monsieur Turquet.

— Pourquoi ?

— C'est une infamie !

— Expliquez-vous.

— On nous promet des groupes sympathiques.

— Vous les avez.

— Pour encourager cette innovation, je fais faire mon portrait.

— Eh bien ?
— On me place à côté de ma belle-mère !

Phrases toutes faites à l'usage de la critique d'art :

Le goût de l'habillement.

Le surprenant fini des étoffes.

Recherches sérieuses et nouvelles de la vie et de l'expression.

Grande tournure et aspect romanesque.

Une fanfare de couleurs.

Quelque chose d'étrange et de triomphal.

Bras nus d'un jet superbe et d'un ton vivant

La tête ne domine pas le costume.

La splendeur du vêtement éclipse un peu le visage.

Facilité hardie et brillante.

Chaleureux portrait.

Rendu savant et naïf qui rappelle le portrait de la vieille école florentine.

Familiarité supérieure.

Couleur sombre.

Regards silencieux.
Transformation radicale.
Ressort de l'exécution.
Relief de la ressemblance.
Réalité vigoureuse.
Artiste studieux et sincère.
Palette riche.
Étrangeté charmante.
Expression pleine de souplesse.
Intimider le pinceau.
Peindre à distance.
Manière personnelle.
Style minutieux et sec des vieux peintres de l'école allemande.
Une touche aiguë.
On ne saurait bien peindre en trempant son pinceau dans le pot au fard.
Chef-d'œuvre de grâce et d'expression.
Puissance et intensité d'émotion.
L'ampleur et la souplesse du dessin.
La richesse et l'harmonie de la couleur.
Charme inexprimable de réalité poétique.
L'harmonieuse richesse d'une palette.
La grande allure de la composition.
L'incorrection choquante des détails.
Science et puissance du modèle.
Connaissance approfondie des mains.

La tournure héroïque de la composition.
Un dos tout monstrueux de muscles crispés.
Le crâne épais et bas du belluaire.
L'entrelacement des nerfs.
Les saillies des omoplates.
Le mouvement général de la figure.

Facture savante.
Peinture d'une originalité voulue.
Les turbulences de Delacroix.
Férocité de brosse.
Couleur transparente.

Éclat des costumes ruisselants de lumière et rugueux de broderies.

Furie de l'attaque.

Flamboiement de tons.

Hardiesse cherchée.

Sentiment exquis dans les têtes.

Chasteté voulue dans les attitudes.

Élégance naïve dans les contours.

Le pathétique de l'expression.

Cachet de véhémence.

Recherche de la grande tournure.

Style ultra mystique de l'Angelico.

Les peintres qui reproduisent l'Orient frappent par:

L'éclat nouveau de leur lumière.

L'azur étrange de leurs ciels.
La blancheur étincelante des marabouts.

La verdure métallique des cactus.
La bizarrerie féroce des armes.

*
* *

Une belle tête doit avoir :

L'ovale allongé,

Le nez mince et droit.
Les yeux passionnément tristes.

La bouche mélancoliquement épanouie.

***

TOUCHE

Suivant les objets qu'on imite, la touche doit être :

Hardie, vigoureuse, moelleuse, fière, large, fine, mate, spirituelle, légère.

Dans les ouvrages des artistes médiocres, la touche est :

Molle, faible, sans esprit, incertaine, maigre, dure, timide, mesquine, pesante.

On reconnaît facilement la touche des grands maîtres.
Morceau vigoureux de touche et de couleur.
Apelle avait une touche si délicate que sur la vue de quelques traits tracés sur une toile, Protogène de Rhodes reconnut qu'Apelle devait en être seul l'auteur. (*Recommandé.*)

AXIOMES

C'est frapper l'art au cœur que de séparer le dessin de la couleur.

Un peintre qui ne trace que des lignes ou qui les fait trop voir n'est pas plus un véritable peintre qu'un coloriste dont le pinceau ne détermine pas les vraies formes des objets.

Que le contour soit voilé et comme fondu sous la couleur, mais que la plus moelleuse couleur sache respecter le contour de la forme.

Cette leçon est écrite dans la nature et le génie la suit toujours, ou, s'il y manque, il n'a pas de perfection.

La couleur ne vaut qu'à l'état de manifestation de la forme.

On peut dire encore pour les paysages :

Profondeur passionnée, branches gigantes-

ques, coudes noueux, ramures épaisses, fraîcheur profonde, vie secrète, masses de verdure, herbe drue, nef immense du feuillage, ciel jaune éclairé de nuages sanglants, etc., etc,

---

A l'exposition des indépendants :

Regarde-moi cet enfant, dont la tête émerge d'un bouquet d'herbes.
— Eh bien ?
— Tu ne remarques rien ?
— Non.
— Il a les yeux verts !
— Évidemment.
— Comment ?
— Quand on traverse une prairie, on a les yeux verts. On les a bleus, quand on considère un beau ciel ; rouges, lorsqu'on cueille des coquelicots, etc., etc. C'est notre nouveau principe. Le seul ! le vrai !
— Je vais te coller !
— Je voudrais bien voir ça.
— Si l'on a toujours les yeux de la couleur de

l'objet fixé, comment se fait-il qu'il y ait des gens, ne louchant pas, qui les aient vairons ? Ah !

— C'est qu'ils sont abonnés au *Charivari* !

A la même exposition.

— As-tu vu le portrait de Mme de K...?
— Une jolie brune, je crois ?
— Non, une belle verte au teint violet.

La petite Zoé fait faire son portrait.

Il figurera au Salon.
Elle a été voir son peintre.

— Vous êtes reçu ?
— Oui.

— Qu'est-ce que vous mettrez sur le livret?

— Portrait de... Tenez-vous à votre nom?

— Qu'en pensez-vous?

— Il est plus distingué de donner seulement une initiale. *Portrait de Mlle Z...*

— Vous avez peut-être raison, Seulement...

— Seulement?

— Ajoutez l'adresse.

———

Il est reçu chez Leconte de l'Isle.

Il s'avance, s'incline profondément, se redresse, développe un rouleau, tousse, lève les yeux au ciel et commence :

O toi, si beau génie; ô toi, soleil couchant,

Etc., etc.

Un quart d'heure se passe. Le poète déclame toujours et, tous les quatre vers, il est de nouveau question de soleil couchant.

— Jamais, dit Leconte de l'Isle je n'ai vu se coucher autant de soleils.

Au témoin, souriant :

— Il y a des astres qui sont bien heureux !

— Et son roman ?
— Illisible.
— Vraiment ?
— A mourir.
— Il l'a pourtant travaillé.
— A force de creuser son sujet, il s'y est enterré !

Echo d'Allemagne :

On joue une symphonie de Wagner.

A la fin de l'exécution, une ouvreuse pousse une porte, qui grince horriblement.

— Enfin ! s'écrie un monsieur de l'orchestre. Voilà donc un air !

Le critique sérieux. Vous ne comprenez pas? Vous ne comprenez pas? Eh bien! Qu'est-ce que cela prouve? C'est trop profond pour vous!

L'amateur. — Moi, j'aime la musique où on a pied!

Emile Zola passe devant Tortoni avec Paul Alexis.

ZOLA. — Il pleuvra.

ALEXIS. — Vous croyez?

ZOLA. — Regardez le ciel.

ALEXIS. — En effet.

ZOLA. — La lune se couvre.

ALEXIS, *au comble de l'indignation*. — Devant vous!

Grand dîner chez Zola.

L'auteur de l'*Œuvre* traite, en l'honneur de je ne sais quel saint, tous ses disciples.

Au dessert, on vient à parler des miracles.

C'est, m'affirme-t-on, Paul Alexis qui met la conversation sur ce sujet.

Zola rit de la naïveté de ceux qui attachent la moindre importance à ces sortes de billevesées.

— Ce sont, dit-il, des hasards que des habiles font passer pour des effets. Tout arrive, parbleu! Il se peut que je meure demain.

Alors un des cinquante petits courtisans de Zola se lève et, s'inclinant devant lui :

— Après cela, maître, il faudrait tout croire !

NOS BOURGEOIS

NOS BOURGEOIS

— Imaginez-vous, mon cher Larinois, qu'hier,

après mon dîner, j'ai été sur le point de venir

avec ma femme, rendre visite à vous et à votre dame.

— Vous auriez été les bienvenus.

— Qu'est-ce que vous faisiez à neuf heures ?

MADAME LARINOIS (*pourpre*). — Larinois, je te défends de répondre.

Au coin du feu.

Monsieur lit son journal.

Madame considère le plafond et pousse des soupirs accusant un profond découragement.

Tout à coup, Monsieur interrompt sa lecture et, montrant le *Figaro* à sa femme :

— Regarde, lui dit-il.

— Quoi donc ?

— Les résultats généraux du recensement.

— Eh bien ?

— Eh bien ! la population de Paris a augmenté de 237,104 habitants.

— A quel propos me dis-tu cela ?

— A propos de tes airs penchés. *Tu vois que ce serait du superflu!*

A la gare de Chatou :

— Vous retournez à Paris, monsieur?

— Oui, monsieur.
— Ah! ah! le beau temps!

— Un temps superbe.

— On va bientôt aller aux bains de mer.

— Ah! vous allez...

— L'été aux bains de mer, oui, monsieur, comme tous les gens distingués. Puis je vais aux eaux, puis je fais l'ouverture...

— Vous êtes bien heureux.

— Quoi! vous ne voyagez pas?

— Jamais.

— Comment faites-vous alors pour changer d'air?

— (*Impatienté.*) Je joue de l'orgue!

Connaissez-vous Dusec?

C'est le type de l'avarice dans toute l'acception du mot.

Il aurait rendu des points à Billon, de joyeuse mémoire.

L'autre jour il se promenait avec un ami sur le boulevard. Arrive une pauvre femme qui lui demande l'aumône.

L'ami donne deux sous.

Puis s'adressant à Dusec.

— Voyons, fais quelque chose pour cette mendiante.

— Moi ?

— Oui, toi. Tu es capable de la laisser partir.

Alors Dusec.

— Veux tu parier un louis que je lui donne dix sous ?

———

— Les jours vont augmenter.

— Encore ! Mais, si ça continue, on ne pourra plus vivre à Paris.

———

— Voilà un beau morceau !
— N'est-ce pas ?
—Le style en est large, la forme superbe, l'expression pleine de poésie.
— C'est l'avis des connaisseurs.
— D'ailleurs, j'adore les symphonies en *ré bémol*.
— Celle-ci est en *ut dièze*.
— Vraiment ?
— Je vous le garantis.
— Oh ! alors, je retire tout ce que j'ai dit.

———

— Imagine-toi...
— Quoi ?

— Je traversais hier la place du Château-d'Eau...

— Alors?

— Je rencontre un pauvre qui me demande l'aumône.

— Après?

— Je refuse. Il insiste et de vraies larmes aux

yeux, me raconte qu'il a une femme et six enfants.

— Tu t'es laissé toucher?

— Absolument. *Je lui ai donné de quoi prendre un petit verre.*

— Comment ça va, cher baron ?

— Très bien, madame. Je vous présente mon fils.

— Je n'avais pas l'honneur de le connaître. C'est un homme.

— Trente-neuf ans.

— Comme il est grand pour son âge !

— Où allez-vous, mon cher monsieur ?
— Toujours tout droit. Et vous, monsieur ?

— Au hasard. J'aime à me promener tout seul.

— Et moi j'adore aussi cela. On peut se livrer

à ses rêveries et personne ne vous importune.

— C'est l'unique façon de jouir de sa promenade.

— Je vois monsieur, que vous pensez comme moi.

— Nous avons absolument les mêmes goûts.

— Si nous faisions route ensemble ?

— Avec le plus grand plaisir !

———

— Te voilà ruiné ?

— Complètement.

— Vingt mille livres de rente !

— C'est la faute à mon oncle.

— Comment cela ?

— C'est bien simple. Au lieu de me laisser des maisons, des champs ou des bois il me laisse de l'argent liquide.

— Alors ?

— Je l'ai bu !

———

Une bonne étourderie de M... :

Il y a trois ans, T... le faisait trouver avec sa femme, une maigre blonde qui devait mourir quelques mois après.

T... enterre sa moitié et sentant, au bout de six semaines, que le veuvage a trop d'inconvénients, il convole avec une superbe brune.

Avant hier, M... le rencontre donnant le bras à sa seconde femme. Il salue. T... salue. On s'arrête et, avant de causer :

— Madame T..., fait le nouveau marié en présentant.

Alors M..., s'inclinant :

— Ah ! madame, comme je vous trouve changée !

Ils ont invité leur oncle, un provincial qui vient à Paris pour la première fois.

Les deux neveux, en gens habiles, savent bien ce qu'ils font, car, l'oncle étant veuf, il y aura, comme ils disent, de beaux jours pour la France.

A la fin de la semaine ils se concertent.

— Voyons, disent-ils, nous l'avons mené au théâtre, dans les restaurants, aux environs de Paris, il a vu les musées, les boulevards ; il a tout vu. Qu'est-ce que nous pourrions donc bien lui faire faire ?

Et le plus jeune, très sérieusement :

— Si nous lui faisions faire des billets ?

Le théâtre représente une chambre de garçon

au cinquième étage.

Arthur est en train de changer de chemise.
On entend frapper.
— Peut-on entrer ?
— Non.
— Je n'ai qu'une minute.
— Je suis nu.
— Ça ne fait rien. C'est la blanchisseuse.
— La clef est sur la porte.

— Tout baisse, monsieur, tout! Le respect dû aux choses sacrées ! Les convictions catholiques. Le niveau moral. L'intelligence. Tout, tout, tout!
— Excepté les loyers!

On félicite un bottier de son dernier envoi :

— Vraiment, lui disait-on, je ne sais comment vous faites pour arriver à cette perfection !
Alors, se redressant :
— Je crois !

— Quel été !

— Ne m'en parlez pas. Il pleut quinze jours par semaine !

Entre jobards :

— Pourquoi un tambour s'appelle-t-il une caisse ?

— A cause des roulements.

Dialogue :

— Imagine-toi qu'il se portait comme un charme.

— Alors ?

— Il tombe malade. Impossible de savoir ce qu'il a. On le traite au hasard, il guérit. On le croit sauvé, nouvelle rechute, puis ça finit par devenir régulier. On ne le soigne plus, il guérit de nouveau. Il souffrait, il crevait de santé, il criait de douleur. Mon cher, ça a duré onze ans, après lesquels il est mort dans d'atroces souffrances ! Qu'en penses-tu ?

— C'est amusant !

— Une belle fin, c'est celle de ce pauvre K...

Se sentant faible, il s'est couché.

Il a appelé ses enfants.

Il leur a fait part de ses dernières volontés.

Puis il a manifesté le désir de demeurer seul et a demandé ses lunettes.

Il voulait se voir mourir !

Il est propriétaire.

Il se croise avec un locataire, flaire une réclamation, et prenant les devants :

— Mon cher monsieur, lui dit-il, je vois ce que c'est. Vous voulez une augmentation. C'est bien, vous l'aurez. *Seulement, pour que ce soit plus régulier, demandez-la moi par écrit.*

Et il s'esquive !

— Et vos fils ?

— Jules a bien marché.

— Ah !

— Il est actuellement à la tête d'une maison de cravates. Il sera millionnaire un jour.

— Et Léon ?

— Oh ! Léon !

— Eh bien ?

— Ne m'en parlez pas. J'ai été obligé d'en faire un homme de lettres. *C'était le moins intelligent.*

———

Oh ! la confiance commerciale !

On m'invite à dîner chez un des plus gros négociants de Paris.

J'y vais, sachant pouvoir y combler les trous de la conversation par des truffes cuites à point et des vins des meilleurs crus.

Au dessert, comme l'animation croissait, mon voisin se penche vers le maître de la maison et, faisant allusion à un gros bonhomme tout rond qui se tordait sur sa chaise :

— Je crois votre caissier un peu parti, lui dit-il en souriant.

Mon hôte se lève, pâle, tremblant, puis se rassied en murmurant :
— Que c'est bête de faire des peurs comme ça !

NOUVELLES COUCHES

NOUVELLES COUCHES

Une femme chic ?
— Tout ce qu'il y a de plus chic.

— T'as de la veine.
— On fait ce qu'on peut.

— Elégante?
— Oh! mon vieux, une ligne!
— Prends garde à toi!

———

— Tu ne sais pas?
— Non.
— Il est de la rousse.
— Allons donc!
— Ma parole. On l'a vu avec Cora Pearl.

———

Un mot de gavroche :

Au moment où il passe, une grue décharnée monte dans son coupé.

— Oh! malheur! fait l'enfant terrible, encore une qui s'en va de la poitrine en voiture!

———

— Devant une colonne Morris :

Deux casquettes de soie sont arrêtées et regardent les affiches.

Tout à coup l'une d'elles montre du doigt le programme du Cirque d'été, où on lit :

LURLINE

La Femme-Poisson

Alors, ramenant ses rouflaquettes :
— Mince alors. Elle aussi !

———

Deux Alphonses se battent faubourg Montmartre.

On les conduit au poste.

Ils s'expliquent.

Le commissaire les renvoie dos à dos.

———

Propos de banlieue :

— Tu te conduis en mauvaise fille.
— Elle ne m'as jamais aimée.
— Ce n'est pas une raison pour oublier les convenances.

— Enfant, elle me battait. Une fois grande elle m'a mise à la porte.
— Enfin, elle est ta mère...
— Comme Chicotin !

Alphonse a la parole.

— Oui, monsieur, il a cru me lancer un trait meurtrier, il en a été pour ses frais. C'est ce qu'on appelle un coup d'épée dans l'eau !

— Et vous n'en êtes pas mort ?

Quand Justine a eu seize ans, son père, garde-chasse, lui a dit :

— Ma fille, il faut embrasser une profession.

Justine est venue à Paris.

Elle s'est placée comme femme de chambre.

A partir de ce jour, elle s'est jetée au cou de tous ses fournisseurs.

Pour obéir à son vieux père !

Histoire normande :

A deux lieues de Rouen, il y a une ferme sur la porte de laquelle on lit :

Ici, on donne du lait.

La semaine dernière, je tiens la chose d'un des auteurs de la *Girouette,* une jeune paysanne frappe à la porte.

On ouvre.
— Qui donne du lait ? demande-t-elle.

— Moi ! s'écrie un beau gas de vingt-cinq ans. La petite sourit.
— Eh bien ! qu'elle dit, me v'là alors...
— Pour combien qu'vous en voulez ?
— Dame ! Pour le temps nécessaire.
— Comment, l'temps nécessaire ? Qué qu'ça veut dire ?...

— Vous n'm'avez donc pas comprise ?
— Mais du tout, du tout !
— J'voudrais être nourrice !

— Tiens, Gugusse!
— Lui-même.
— Toujours avec Palmyre?
— Toujours.
— Vous travaillez?
— J'te crois!

— Qu'est-ce que tu fais dans cette touchante association?
— Les dettes.
— Et elle?
— Les rentrées.

BÈTISIANA

BÉTISIANA

Bien nature.

Le journaliste R, dîne chez Brébant.

Le garçon lui apporte la note.

254   PARIS QUI RIT

R... la prend et, sans broncher :
— C'est bien, dit-il, je la ferai passer dans un journal.

L'habitude!

Un garçon de la Banque se présente chez un trial de Marseille.

L'artiste ne paye pas.

Le soir, il s'arrachait les cheveux dans sa loge en s'écriant :

— J'ai raté mon effet !

Le lauréat du prix Monthyon est désigné.

— Il s'appelle Alphonse et soutient ses trois sœurs !

NOEL

SCÈNE D'INTÉRIEUR

BÉBÉ, *tirant un polichinelle de son soulier.* — Un polichinelle !

***

MADAME, *se débattant*. — Voyons, finis, Anatole ! Tu es fou !... (*Un silence*.)
ANATOLE, *rêvant*. —

> Il naîtra le divin enfant
> Jouez, etc.

***

DERRIÈRE LE PANTHÉON

L'ENFANT. — Papa, aurai-je un Noël ?
LE PÈRE, *gravement*. — Avec un Chapsal.

***

CHEZ CLARA

CLARA, *seule; ce dont elle est la première à s'étonner*. — Une paire de boucles d'oreilles en diamants ! Ils se seront cotisés.

AU QUARTIER LATIN

— Nous avons à souper?
— Mes enfants, il y a une montre, 25 francs ;

une paire de draps, 12 francs, un *Jus Romanum*, 10 sous, et une pipe en écume de mer.

AU SIXIÈME ÉTAGE

Des souliers neufs !

INTONATIONS

PREMIER CRÉANCIER

(Dix mille francs. — Pas de recours momentané. — Une famille à l'horizon.)

(*D'un ton doucereux.*) — Monsieur Citrouillard ?

UN ESCLAVE. — Il n'y est pas, monsieur.

PREMIER CRÉANCIER. — Je repasserai.

***

DEUXIÈME CRÉANCIER

(Mille francs. — Le débiteur est dans ses meubles. — La famille est modeste.)

(*D'un ton assuré.*) — Monsieur Citrouillard

UNE BONNE. — Il est sorti.

DEUXIÈME CRÉANCIER. — Voici ma carte ; je l'attendrai demain.

TROISIÈME CRÉANCIER

(Trois cents francs. — Les billets ont été protestés. — Le mobilier est rare. — La famille travaille toujours.)

(*D'un air insolent.*) — Monsieur Citrouillard?

UNE FEMME DE MÉNAGE. — Le patron est à son bureau.

TROISIÈME CRÉANCIER. — Dites-lui que l'affaire est chez l'huissier.

QUATRIÈME CRÉANCIER

(Au sixième étage. — Quinze francs. — La famille habite la province. Pas de meubles, sauf une pendule à Troubadour, deux vases de porcelaine dorée, avec des fleurs artificielles, un lit.)

(*A tue-tête*). — Monsieur Citrouillard !

LE CONCIERGE, *criant d'en bas*. — Il est parti ce matin.

(Le créancier redescend, passe la main sur son front. Il pense à l'affiche verte.)

Boniface Loupard, un de nos jolis bohèmes, a été invité trois fois de suite dans la même maison.

La première fois, il s'est cramponné pour ne pas fumer sa pipe.

La seconde, il s'est mordu la langue de peur de jurer.

La troisième, plus à l'aise, il a cherché à faire un compliment à la maîtresse de la maison.

— Madame, je suis confus...
— De quoi donc, cher monsieur?
— On ne voit plus que moi chez vous...
— Nous ne nous en plaignons pas.
— Dîners sur dîners...
— Ne seraient-ils pas à votre goût?
— Oh si! seulement ça m'embête de penser que c'est toujours le même qui paye!

Entre rapins :

— Envoie donc un mot à Léonie.

Son camarade prend une plume, de l'encre. rédige la lettre et, se relisant :

— Tiens j'ai mis *Lénie*.
— Corrige.

Il corrige.

— Il y a toujours *Lénie* ?
— Mais, c'est incroyable! Le nom n'a pas changé!

Alors le premier rapin, très sérieusement :
— Laisse Lénie, va.
— Pourquoi?
— Tu ne vois donc pas le temps?
— Eh bien?
— *Tes pieds prennent l'o!*

Un journal lancé.

« Nous publierons, à partir de demain, des
« chroniques signées des noms les plus sympa-
« thiques à nos lecteurs : MM. Auguste Chaba-
« gnol, Jules Rabot, Raoul Bernin et Antonin
« Simiot. »

Entendu à Bougival :
Un canotier à une canotière :

— Va donc, ampoule!

Depuis que la Chancellerie a l'œil sur les décorations étrangères, le baron de la Tour Clichy ne vit pas.

Tout le monde le croyait chevalier de la Légion d'honneur.

Il l'était seulement de l'ordre du Christ de Pernambuco.

Il a tourné la difficulté.

Avant-hier, en soirée, il est venu avec un ruban rouge et une croix à *côté*.

Si bien qu'au lieu d'une décoration il avait l'air d'en avoir deux.

Mais la Chancellerie, prévenue, a envoyé immédiatement chez lui.

— Monsieur, a dit l'employé, vous êtes décoré du Christ de Pernambuco ?

— Oui, monsieur.

— Le ruban de cet ordre est violet ?

— Le mien l'était. *Il a passé aux bougies !*

— Ah ! Ce n'est pas tout. Renseignement pris, vous n'avez qu'un ordre ?

— En effet !

— Alors, cette croix que vous portiez ?

— *C'était celle de ma mère !*

L'employé s'est retiré en lui faisant des excuses.

— A l'escadron :
— Cavalier Bridoux, vous me ferez huit jours

de consigne.

— Mais brigadier...

— Pas d'observation. Ça vous apprendra à empoisonner vos punaises.

— Mais, brigadier.

— Pas d'observation. Figurez-vous que toute la chambrée en fasse autant...

— Eh bien ! brigadier...?

— Alors, il ne resterait plus que les brigadiers pour les nourrir.

Bridoux, convaincu, soupire en baissant la tête.

Hier a eu lieu la première représentation de *Mme Arthur*. Le sujet est mauvais; la pièce a été sifflée. Nous croyons devoir ne point insister sur l'interprétation.

Néanmoins, nul doute qu'avec quelques changements le théâtre des Plaisirs-Parisiens ne tienne un immense succès!

Le train est lancé à toute vitesse.

Un employé circule sur les marchepieds.

Il s'arrête devant un wagon de première classe dont les rideaux ont été très soigneusement tirés et cogne au carreau.

Une dame cramoisie se décide à baisser la glace.

Alors l'employé, s'adressant à un jeune homme qui feint de dormir à l'autre extrémité :

— Ah! ça, dites donc, vous, est-ce que vous vous croyez dans un train de plaisir !

La scène se passe dans un wagon de la compagnie du... de... mettons *trois étoiles*.

Pour une raison demeurée inconnue, le train s'engage sur une voie, puis recule, puis s'engage sur une autre; ça dure un quart d'heure.

— Qu'est-ce qu'ils font donc! s'écrie une dame plus morte que vive.

Alors un monsieur, très froidement :

— *Ils essaient un accident !*

Bébé veut faire le malin et s'adressant à son grand frère :

— Quelle différence y a-t-il entre une livre de plume et un kilogramme de plomb ?

FABLES

FABLE NATURALISTE

LE CORBEAU ET LE RENARD

Un corbeau sur son harpion,
Tenait dans sa gueule un gendarme.

Attiré par l'infection,
Un renard vint. — Mince de charme !
On doit vous appeler Coupeau !
Que vous êtes rupin ! que vous me semblez beau !
Si votre voix est aussi belle

Que ce qui vous sert de flanelle,
Vous êtes tout de même un rude et vrai lapin,
Et ce serait vraiment dommage qu'on vous perde.
Mais le corbeau qu'était malin.
Ota son livarot et lui répondit : — ... !

FABLE PORNOGRAPHIQUE

LE LION AMOUREUX

Un lion de haut parentage,
En passant par un certain pré,
Rencontre bergère à son gré
Et la demande en mariage.
Le père aurait fort souhaité
Quelque gendre un peu moins terrible.
La donner lui semblait bien dur;
La refuser n'était pas sûr ;
Même un refus eût fait, possible,
Qu'on eût vu quelque beau matin
Un mariage clandestin;
Car outre, qu'en toute manière
La belle était pour les gens fiers,
Fille se coiffe volontiers
D'amoureux à longue crinière.
Le père donc ouvertement
N'osant renvoyer notre amant,
Lui dit : Ma fille est délicate,
Vous pourriez fort bien la blesser.

Quand vous voudrez la caresser,
Soufflez, de peur qu'elle n'éclate!...
Le lion consent à cela,
Tant son âme était aveuglée !
Quelle sottise ! Le voilà

Comme place démentelée,
Ayant perdu tous ses moyens,
Dans la plus complète impuissance !
Amour, amour, quand tu nous tiens,
On peut bien dire : adieu prudence !

FABLE RETOURNÉE

LES DEUX MULETS

Deux mulets cheminaient, l'un d'avoine chargé.
  L'autre portant l'argent de la gabelle.
Celui-ci, glorieux d'une charge si belle,
N'eût voulu pour beaucoup en être soulagé,
    Il marchait d'un pas relevé,
      Et faisait sonner sa sonnette ;
  — Ces égards sont toujours pour les plus fortunés.
C'est eux seuls que l'on choie, eux seuls que l'on admire,
    Tout me passe devant le nez.
    — Ami, lui dit son camarade.
Il est vraiment très bon d'avoir un haut emploi,
Si je n'avais servi qu'un meunier comme toi,
    Je n'attrapais qu'une bourrade.

CE QU'ON ENTEND
SUR LES BOULEVARDS

CE QU'ON ENTEND

SUR LES BOULEVARDS

— Léon !
— Mon oncle.
— D'où sors-tu ?
— Du cercle.
— Encore !
— Mais...
— Et tu crois que c'est une existence ?
— Mais oui.
— Voyons, rentre en toi-même !
(*Tirant sa montre*). — Jamais avant minuit !

———

T..., qui vous a certainement emprunté cent

sous, est de ces hommes qui ont toujours des affaires superbes en train.

Au reste, ce n'est pas l'aplomb qui lui manque.

L'autre jour, il rencontre, au café de Suède, un de ses amis, à la recherche de capitaux pour ouvrir un théâtre.

L'ami lui confie ses plans.

— Combien te faut-il? demande T...
— Cent mille francs.
— Seulement?
— Pour commencer.
— Eh bien ! je te commandite.
— Vrai?
— Comme je te le dis.

— Et quand toucherai-je ?
— Quand tu voudras.
— Demain?
— Si tu le désires. Je serai au café à cinq heures.
— Sans faute?
— Sans faute. Si par hasard je ne pouvais pas t'attendre, *je les laisserais à la demoiselle de comptoir.*

— Je suis amoureux fou !
— Toi?
— Je n'en dors plus.
— Choisis un parti.
— Lequel ?
— Va la voir.
— C'est facile à dire.
— Et à faire.
— Le principal serait de trouver le chemin de son cœur.
— Rien de plus aisé.
— Comment ?
— Prends l'omnibus !

Un fait divers.

Hier soir, à deux heures du matin, deux hommes se sont accostés, boulevard Ornano.
Le premier s'est écrié :
— Donne-moi ton argent ou tu es mort !
Le second a répliqué :
— La bourse ou la vie !

Puis, tous les deux mourant de peur, ils ont échangé leur porte-monnaie.

Un seul était chargé !

M. de F... venait de raconter par suite de quelles circonstances il avait prêté un jour dix louis à N... et riait des tours que ce dernier imaginait pour ne point les lui rendre.

— Cependant, objecta un des auditeurs, vous

vous croisez souvent dans le monde, car enfin N... s'y faufile....

— Et vous croyez que cela le gêne ? Aussitôt que j'apparais, il feint de me tenir rancune d'une vieille querelle, prend *mon* chapeau et s'en va.

Une jolie naïveté de gommeux.

Je traversais le boulevard.

Passe à côté de moi un petit jeune homme pommadé, ganté, embaumant l'eau d'Angleterre et portant un carreau dans l'œil.

Il bouscule un monsieur, qui s'écrie aussitôt :

— Sacré nom d'un nom, vous ne voyez donc pas clair ?

Alors le gommeux, s'excusant :

— Je vous demande pardon, j'avais mon lorgnon.

— Bonjour, monsieur Durand.

— Monsieur Vindeau, je ne suis pas content de vous.

— Comment ça ?
— Je vous ai commandé du vin il y a six semaines.
— Eh bien ?
— Je n'ai encore rien reçu.
— Je vais vous dire. Pour vous gâter, je l'ai fait venir exprès de Bordeaux.
— A pied ?

———

— Tu es amoureux ?

— Fou!

— De qui ?

— D'une figurante des Bouffes : Camille.

— Je la connais.

— Ah ! bah !

— Sa mère est ma concierge.

— On la dit sage ?

— La mère ?

— La fille.

— Je n'en sais rien. Elle t'aime ?

— Je l'ignore.

— Interroge-la.

— C'est ce que j'ai fait. Elle refuse de m'ouvrir son cœur.

— C'est pourtant bien facile.

— Comment ?

— En lui demandant le cordon.

———

— Eh bien ! Il s'est rangé, il a compris ses torts. Il a beaucoup gagné dans mon estime.

— Vrai ?

— Parole d'honneur !

— Alors, il a triché.

———

— Tu as connu Jules ?
— Parfaitement.
— Il vivait aux crocs d'une danseuse ?
— La petite Florine.
— Le fait est public.
— Et le scandale aussi.
— Sais-tu ce qu'il est devenu ?
— Non.
— Un des plus gros propriétaires de la Bourgogne.
— Ça me m'étonne pas. A force de s'entendre dire qu'il arrivait...
— Il est arrivé.

———

— Eh bien?
— Je me bats.
— C'est décidé ?
— Absolument.
— Où?
— A Bruxelles. Nous partons demain.
— Tous les deux ?

— C'est T... qui est là-bas ?
— Oui.
— Voilà la deuxième bouteille d'eau de Vichy qu'il boit.
— Il a probablement quelque nouvel affront à digérer.

―――

Dans un grand restaurant :
— Auguste.
— Monsieur.
— Votre note est vraiment exagérée.
— Cela n'est pas possible.
— Trois francs une botte de radis !
— Et encore c'est parce que monsieur est un client.
— Comment ?
— Si monsieur savait comme nous volons les autres !

―――

Entre parnassiens :

— Tu connais Z... ?

— Parfaitement.

— Est-il vrai qu'il prépare un volume de vers ?

— Je l'ai entendu dire.

— Il a des airs inspirés.

— Quand il boit.

— Il passe pour un rêveur.

— Lui ?

— Toujours aux nues !

— Rue des Martyrs.

Le vicomte de L... revient du château des Gorges-Vertes, domaine appartenant au vieux baron D...

Son premier soin est d'accourir au cercle.

— Vicomte! lui dit un des membres, j'en ai appris de belles sur votre conduite.

— Quoi donc?

— Là-bas, aux Gorges-Vertes!

— Eh bien?

— Il paraît que vous avez tourné la tête à la baronne...?

— Oh! Oh!

— Ne vous en défendez pas, elle est jolie. Et alors...?

— Non! ma parole d'honneur!

— A d'autres!

— Elle n'a jamais voulu.

— Cependant on vous a surpris, certain soir, derrière un rideau de peupliers... Vous touchiez bien au bonheur?

— Du bout des doigts!

Une rencontre a eu lieu hier, boulevard des Italiens, entre MM. G... et L...

M. G... a appelé M. L... :

— Vieux mufle !

M. L... a été blessé.

— Ils se sont battus ?
— Hier.
— Cela a duré ?

— Trois quarts d'heure.
— Diable !
— Huit fois on a engagé les épées, huit fois chacun d'eux s'en est tiré à bon compte. Fatigués, les témoins se sont interposés et les adversaires ont échangé une poignée de main.

— C'eût été le diable si, après tant de reprises, ils n'avaient pas été raccommodés.

Au café Turc :

— Tu connais Salomon ?
— Depuis dix ans.
— Tu sais comment il a fait fortune ?
— En vendant des *pons lorgnettes*.
— Vois ce que c'est que l'habitude. Il désirait un enfant. Sais-tu de quoi sa femme est accouchée ?
— Non.
— De deux jumelles.

— Comment ça va, mon pauvre B... ?
— Mais, très bien, Pourquoi ce ton ?
— Vous ne vous sentez pas malade ?

— Du tout.
— Parole d'honneur ?
— Ah çà ! mais...

— On a fait courir le bruit que vous étiez à l'article de la mort.
— Oh !
— Pensez dans quelle inquiétude étaient vos amis !
Alors B...
— Vous feriez croire que je leur dois quelque chose !

Entre deux boulevardiers :

— Elle est jolie ?
— Comme un ange.
— Des yeux...

— Grands comme ça...
— Une bouche... ?
— Nichée d'amours.
— La taille bien prise ?

— J'ai commencé par là !

R... passe à juste titre pour un joli farceur ! Sa vie s'écoule à faire des calembours et à courir après les femmes.

Je vous défie de le rencontrer sans qu'il soit à la poursuite de quelque jeune première.

On en parlait hier chez une de ses amies.

— Oui, s'écria-t-elle, je vais vous donner une idée s'il est coureur. Je le mets au défi de suivre ne serait-ce qu'un raisonnement, sans lui dire des bêtises !

— Alors elle t'aime ?
— C'est fini.
— Déjà !
— Je la vois, nous nous plaisons ; j'attaque,

elle résiste ; je la presse, elle succombe !... Ah ! mon ami, si tu m'avais vu !

— Tu étais au septième ciel ?

— Au-dessus de l'entresol !

———

— Comment vas-tu ?
— Très bien.
— Qu'est-ce que tu deviens ?
— Toujours la même chose.
— Qu'est-ce que tu fais ?
— Rien.
— N'en abuse pas !

———

— Monsieur, vous êtes un insolent !
— Monsieur, vous êtes un idiot !
— Vous m'insultez !
— C'est vous qui avez commencé.

— Sachez que je sais tenir une épée.
— Apprenez que je n'ai jamais reculé devant une rencontre.
— Qu'êtes-vous ?
— Chef de gare.

———

Sur le boulevard :
— Monsieur !
— Qu'y a-t-il ?
— Vous êtes un filou !
— *(Curieux)* Comment l'entendez-vous ?

———

Au Claque-dent :
— Qui est-ce qui gagne ?
— Frédéric.
— Encore !

— Toujours.
— Combien ?

— Cent mille francs. Il en risquait le double.
— Il a donc de la fortune ?
— Il joue argent *sous* table!

———

— Je ne suis pas étonné de n'arriver à quoi que ce soit. Mes débuts dans la vie ont été déplorables. *J'ai commencé par la faim!*

———

— Z... est grand comme un échalas.

— C'est une perche.

— Un géant.

— Sa mère ne l'a pourtant eu que quinze ans après son mariage.

— Et c'est l'aîné ?

— Il est seul.

— Tout s'explique. On l'a tiré en longueur.

R... est connu sur le boulevard.

C'est un bohème dans toute l'acception du mot

Dernièrement, il manifeste le désir d'aller dans le monde.

Un de ses anciens amis consent à l'y mener, à la condition qu'il saura s'y tenir.

R... promet.

On le conduit chez le duc de M... qui recevait ce soir-là le dessus du panier du faubourg Saint-Germain.

Serré dans un habit de louage, gêné dans ses gants, R. s'efforce d'être distingué, n'y parvient pas et perdant bientôt la tête, prend dans un coin le maître de la maison et lui emprunte dix francs.

Colère de son introducteur.

— Tu es fou ! lui dit-il. Et voilà ce que tu fais de tes belles promesse ?

R. se trouble et cherchant une excuse :

— *C'était pour me donner une contenance !*

Il passe, reçoit une gifle, et plein de dignité :
— Vous avez de la chance que je sois en co-

lère, crie-t-il, sans cela je vous ferais passer un mauvais quart d'heure !

———

— Ma chère, je ne reconduis plus les femmes.
— Depuis quand ?
— Depuis que je ramène.

———

Une bonne blague de Christian :
On parlait devant lui d'un homme possédant un caractère de fer.
— Je suis sûr, disait-on, que c'est un individu qui mènerait cent mille hommes.
— Et un deuil, ajouta Christian.

— Le comte de Ferrier.
— Il a de la fortune ?
— Il a de côté une vingtaine de mille livres de rente,
— Qu'il a gagnées à Paris ?
— A l'étranger.
— Qu'est-ce qu'il faisait ?
— Les faux Louis XVII !

A la Maison d'Or.

— Louis !
— Monsieur !
— Donnez-moi à dîner.
— Monsieur désire ?
— Ah ! voilà, c'est que je n'ai pas faim.
— Ah ! ah !
— Qu'est-ce qu'on peut bien manger quand on n'a pas faim ?
Et Louis souriant :

— Si monsieur veut une fortune !

— Il fallait absolument que je quittasse Amanda. Mais comment ?
— Voilà le hic !
— Elle y mettait une condition.
— Laquelle ?
— Vingt-cinq louis.
— C'était cher.
— Je n'en avais que vingt. Je n'hésitai pas et, pour briser ma chaîne...
— Tu as vendu ta montre.

— Et Cora ?
— C'est fini.
— Tout à fait ?
— Tout à fait. C'était constamment de l'argent

à donner, ou des duels à essuyer. *Je passais ma vie à me fendre !*

———

Il reçoit un coup de bâton sur la tête et tombe sur le trottoir.

L'évanouissement dure une minute.

Il se réveille.

— Je me croyais mort. C'eût été affreux. Je me serais regretté toute ma vie !

———

— Donnez-lui dix sous.
— Non.
— Un ancien ami.
— Je m'en moque.
— Il se jetterait à l'eau pour vous sauver.
— Qu'est-ce que cela me fait ! Je ne me noie jamais et il boit toujours.

———

— Au café Anglais :

Z... entre, s'installe, commande un déjeuner, l'avale, et demande l'addition.

On la lui apporte.

En l'examinant, il lit :

Couvert : 1 fr. 25.

— Ce n'est pas cher, se dit-il.

Et il met l'argenterie dans sa poche.

— Le prince de Gotha-Trouville est arrivé ?
— Depuis hier.
— Sous le nom ?
— De Charles Durand, et accompagné de huit domestiques.

— Pourquoi faire ?
— Pour garder son incognito.

Au tripot :

Il est quatre heures du matin.
Un garçon s'approche du directeur des jeux.
— Monsieur.
— Qu'est-ce qu'il y a ?
— Voilà deux heures que je surveille le banquier.

— Eh bien !
— Il n'a pas triché une seule fois.

Le directeur gravement :

— *Il y a quelque chose là-dessous.*

Sur le boulevard :

— Vous êtes un insolent !

— Et après ?
— Après, je vais vous diriger le ballon !

Le baron de P... a été tour à tour orléaniste, bonapartiste et républicain.

Il a d'ailleurs à ces variations gagné beaucoup

de places, pas mal d'argent, et s'est vu nommer officier de plus de dix ordres.

— Quelle rosette porte-t-il donc? demandait quelqu'un.

— La rosette des vents.

TABLE

	Pages
POLITIQUONS	3
LES BALANÇOIRES DE LA JUSTICE	39
GENS D'AFFAIRES	49
LA COMÉDIE DU MARIAGE	65
LES FILLES	91
PROPOS DE THÉATRE	121
LES MÈRES D'ACTRICES	135
LES FEMMES DU MONDE	155
CHAPITRE DES BELLES-MÈRES	177
QUESTIONS D'ART	195
NOS BOURGEOIS	225
NOUVELLES COUCHES	245
BÊTISIANA	253
FABLES	271
CE QU'ON ENTEND SUR LES BOULEVARDS	279

FIN DE LA TABLE

ASNIÈRES. — IMPRIMERIE LOUIS BOYER ET Cⁱᵉ, 7, RUE DU BOIS

www.ingramcontent.com/pod-product-compliance
Lightning Source LLC
Chambersburg PA
CBHW070613160426
43194CB00009B/1262